1937年ごろのヨーロッパ（この本に出てくる主要な場所）

約束《やくそく》の国への長い旅《たび》

Chiune Sugihara

杉原《すぎはら》千畝《ちうね》が世界に残《のこ》した記憶《きおく》

篠《しの》 輝久《てるひさ》 著《ちょ》

まえがき

『約束《やくそく》の国への長い旅《たび》』を最初に書いてから、長い年月がすぎました。

はじめの『約束の国〜』をぼくが書きはじめたのは、杉原千畝《すぎはらちうね》さんが亡《な》くなった翌《よく》年《ねん》の一九八七年（昭和六二年）でした。

それから三十年以上がたち、世界の国ぐにのありようも大きく変化しました。杉原さんがビザを発給《はっきゅう》したころソ連《れん》に組みこまれていたリトアニアは独立《どくりつ》し、かつてユダヤ人たちが日本へやってくるためにシベリア鉄道《てつどう》で通りぬけたソ連という国はなくなりました。イスラエルにある杉原さんの記念樹《きねんじゅ》も、ぼくが訪《おとず》れたときとくらべて、今ではずっと大きくなっています。

はじめの本を書くにあたり、杉原さんのご家族《かぞく》、知人《ちじん》、友人、同級生、会社の人などを訪《たず》ね、できるかぎり調べたつもりでしたが、今になってみると、事実《じじつ》とちがう点もありました。杉原さんがビザを発給した一九四〇年からずいぶんと月日がたっていたため、お訪ねした人たちのお話のなかには、記憶《きおく》ちがいや推測《すいそく》などによると思われる、あいまいな部分もあったようです。

また、その後、杉原さんや杉原さんの発給したビザについて調査《ちょうさ》や研究《けんきゅう》がすすんで、それまで知られていなかったこともわかってきました。

たとえば、杉原さんの生まれた場所は、前の本では「岐阜県八百津町《ぎふけんやおつちょう》」としていましたが、戸籍《こせき》には、岐阜県武儀郡上有知町《むぎぐんこうずちちょう》（現在の美濃市《みのし》）と記《しる》されていることがわかりました。

杉原ビザについての研究は現在《げんざい》もつづけられていて、近年《きんねん》では日本だけでなく、リトアニアやロシアなどの外国でも、いろいろな史実《しじつ》が発表《はっぴょう》されています。今後《こんご》も新《あら》たな発見《はっけん》があるかもしれません。

新版《しんぱん》となる今回のこの本では、そのような現在までに新しくわかったことなどを取り入れ、一部をあらためました。

もくじ

当時《とうじ》のカウナス市風景

本書は、リブリオ出版より一九八八年に刊行された『約束の国への長い旅』に加筆・修正をおこない、刊行するものです。

「死への行進《こうしん》」（ヤドバシェムにある彫刻《ちょうこく》）

はじめに

一まいの写真があります。
右ページの写真がそうです。
これは、なんの写真でしょうか。
どこかの外国の男の人たちが、鉄柵《てっさく》の向こうに集まっている写真ですね。
わかるのは、それだけです。
ぼくも、はじめてこの写真を見たとき――それは一九八×年のことでしたが
――それしかわかりませんでした。
それにしても、この人たちは、どこの人たちでしょうか。
ずいぶん古そうな写真ですが、いつごろとったものでしょうか。

ここはどこなのでしょうか。

この人たちは、カメラを向けている人を見ているわけですが、それはだれなのでしょうか。


この写真は、杉原幸子《すぎはらゆきこ》さんのアルバムにたいせつにおさめられていました。

ぼくがお会いしたとき、杉原幸子さんは七十歳《さい》と少しでした。

「この写真はね、昭和十五年の夏に、リトアニアという国の、カウナス市にあった日本領《りょう》事館《じかん》でとられたものなのよ。うつっているのは、ユダヤ人の人たち。うつしたのは、わたしの主人《しゅじん》。主人はそのとき、リトアニアの日本領《りょう》事代理《じだいり》でした。」

杉原さんは、ぼくにそう説明してくれました。

昭和十五年——リトアニア——カウナス——日本領事館——ユダヤ人——杉原さんのご主人……。

ぼくの知らない、いろいろなことが、いっぺんにおしよせてくる気がしました。

昭和十五年というのは、一九四〇年です。ぼくが生まれる十年も前です。みなさんのおじいさんやおばあさんも、まだ生まれていなかったのではないでしょうか。生まれていたとしても、まだほんの小さな子どもか、赤ちゃんかもしれません。

杉原幸子さんは、そのころリトアニア国カウナスで日本領事代理をしていた杉《すぎ》原千畝《はらちうね》さんの奥《おく》さんです。領事というのは、大使《たいし》や公使《こうし》のように、外国に行って政府《せいふ》の外交《がいこう》の仕事《しごと》をする人です。

ところで、リトアニアという国はどこにあるのでしょうか。

ヨーロッパの北に、バルト海《かい》という海があります。そのほとりです。

なんの写真か、わかりましたね。

でも、みんなずいぶんむずかしい顔をしているではありませんか。

どうしてでしょう。

「この人たちは、リトアニアに逃《に》げてきたところです。すっかりくたびれてしまったうえに、心配《しんぱい》でたまらないのです。」

杉原幸子さんは、ぼくにそういいました。

なぜ、ユダヤ人はリトアニアに逃げてきたのでしょう。いったい、どこからきたのでしょう。なにを心配して、こんなむずかしい顔をしているのでしょうか。

一九四〇年の夏、リトアニアの日本領事館で、なにがあったのでしょうか。

ぼくは、それが知りたくなりました。そこで、いろんな方からお話を聞いたり、そのころの世界や日本のできごとを調べたりしました。そのうちに、ぼくは、この写真のむこうがわにつづいていた、そのころの世界のようすが、だんだんわかってきました。

そして、杉原千畝さんがそのころの世界の中で、日本人外交官としてどう生きたかということを知り、びっくりしました。感動《かんどう》しました。その気持ちをおさえることができず、ぼくはこの本を書きました。

当時《とうじ》のカウナス市風景

1　一九四〇年の夏

その朝、杉原千畝《すぎはらちうね》さんは小鳥のさえずりで目をさましました。

夜が明けたばかりで、日はまだのぼっていません。窓《まど》のカーテンのすき間《ま》から入ってくる光も弱よわしそうです。

朝のはやいポーランド人のボーイが　おきだす音がきこえてきました。

杉原さんは、この夜明けのひとときがだいすきでした。いまごろ外では、夜と朝のあいだから生まれてくる、清《きよ》らかな空気が流れているのだと思うと、わくわくしてくるのです。

「夜はかなしみのためにひと晩《ばん》じゅうねむれなくても、夜明けとともによろこびがおとずれてくれるような気がするんだよ。」

杉原さんは、いつも奥《おく》さんの幸子《ゆきこ》さんにそういっていました。

ベッドの上で思いきり大きくのびをしたときです。

杉原さんは、ふと耳をすませました。外のふんいきが、いつもとちがいます。

「おやっ?」

「なんだろう。」

杉原さんは、そう思ったとたん、はっとなにか予感《よかん》に似《に》た胸《むな》さわぎがしました。ベッドをおりて窓のところに行き、カーテンをあけて外を見おろすと……。

「おお……。」

杉原さんは、ひくくうめきました。

人、人、人、人の行列《ぎょうれつ》です。

日本領事館《りょうじかん》の門の前は、石だたみになっています。そこがたくさんの人の群《む》れにうめつくされているのです。男も女も、老人も子どもたちもいます。人びとは、しき地《ち》のまわりをぐるりととりまいているようです。みんなじっとおしだまったままです。たくさんの人びとの声にならない息づかいが、朝の領事館をおしつつんでいます。

〈みんな、こうやって門があくのをずうっと待《ま》っていたんだなあ……ああ、この人たちは、とうとうここにやってきたのだ。〉

杉原さんには、この人びとがどういう人たちなのか、よくわかっていました。杉原さんはそっと幸子さんを呼《よ》びました。

「幸子、外を見てごらん。」

「まあ、あの人たちは！　それじゃ、あなたがおっしゃっていたことが、本当になってしまったのね。」

「そうだ。あの人たちはユダヤ人だ。ポーランドから逃《に》げてきたんだ。」

「あんなに小さな子どもたちまで……。」

一九四〇年七月なかば、杉原さんが、奥さんや子どもたちとリトアニアにやってきて、もうすぐ一年になる夏の朝は、こうしてはじまりました。

領事館の門が定刻《ていこく》にあくと、人びとはわれがちにどうっとなだれこんできました。門からはいれない人たちが、鉄柵《てっさく》をのりこえようとしています。リトアニア人の事務員《じむいん》が、やっきになって人びとをおしかえしていました。杉原さんは事務員にやめるようにいいました。

「グッジェ、この人たちは危険《きけん》はないんだよ。らんぼうしてはいけない。さあ、ボリスラフ、これからわたしがいうことを、この人たちにポーランド語で伝えてくれ。」

杉原さんは、中からとびだしてきたポーランド人のボーイに通訳《つうやく》させました。

「みなさん、待ってください。わたしは日本領事代理《だいり》です。こんなにいちどにはいってこられてもこまります。どうか、みなさんの中から何人かお入りください。わたしはその人たちと話します。どうか、そうしてください。」

杉原さんの呼びかけがわかったらしく、人びとは話しあいをはじめました。


日本政府は一九三九年（昭和十四年）の夏、リトアニア国に外務省《がいむしょう》の出先機関《でさききかん》として、日本領事館をおくことにきめ、領事代理に杉原さんをえらびました。

杉原さんはそのころ、ヨーロッパ北部の国フィンランドのヘルシンキにある日本公使館《こうしかん》に、通訳《つうやく》としてつとめていました。杉原さんに日本の外務省から電報《でんぽう》がとどきました。

《リトアニアに行って領事館を開設《かいせつ》しなさい。》

杉原さんは幸子さんに話しました。

「本省《ほんしょう》からリトアニアに行けといってきたよ。フィンランドに来るときにもそう思ったが、このあたりは日本人にはなじみのない波涛万里《はとうばんり》のかなただ。きみや子どもたちにはどうかと思うけれど、いっしょにリトアニアに来てくれるかい。」

杉原さんはこのとき三十九歳、幸子さんは二十五歳で、ふたりには二歳と〇歳の男の子がいました。幸子さんはきっぱり答えました。

「わたしはあなたの行かれるところには、いつもいっしょに行きます。」

杉原さんと幸子さんは、おたがいに愛しあい尊敬《そんけい》しあっている夫婦《ふうふ》でした。杉原さんは、幸子さんがいつも自分によりそって、ささえていてくれるのを知っていました。

杉原さんは、リトアニアに領事館をひらく手つづきをしたり、カウナス市内で手ごろな建物《たてもの》をさがしたり、事務員やコックやボーイをやとったりするさまざまな仕事をすませ、領事代理になりました。当時のリトアニアにいた日本人は、杉原さんの家族だけでした。

カウナスの人びとは、やがて日本人の夫婦が、仲良く街路《がいろ》を散歩《さんぽ》しているすがたを見かけるようになりました。日本領事館からは、ときどきピアノの音がきこえてきました。ピアノ曲のすきな杉原さんがピアノをそなえつけたのでした。ポーランドの作曲家がつくった「乙女《おとめ》の祈《いの》り」などを、このんでひきました。ときには日本民謡《みんよう》もひいて、遠い祖国《そこく》を思い出しました。けれど、そのような平和なひとときは、やがて失われるさだめにありました。

しばらくすると、人びとの中から何人かの男の人たちがでてきました。彼らは、杉原さんの前にくるとあいさつをして名のりました。

そのうちの一人は、ゾラ・バルファテックという人でした。「わたしたちはユダヤ人です。ここにいる者はみなユダヤ人の難民《なんみん》です。」とバルファテックさんはいいました。

「わたしは、J・オーグレルです。」

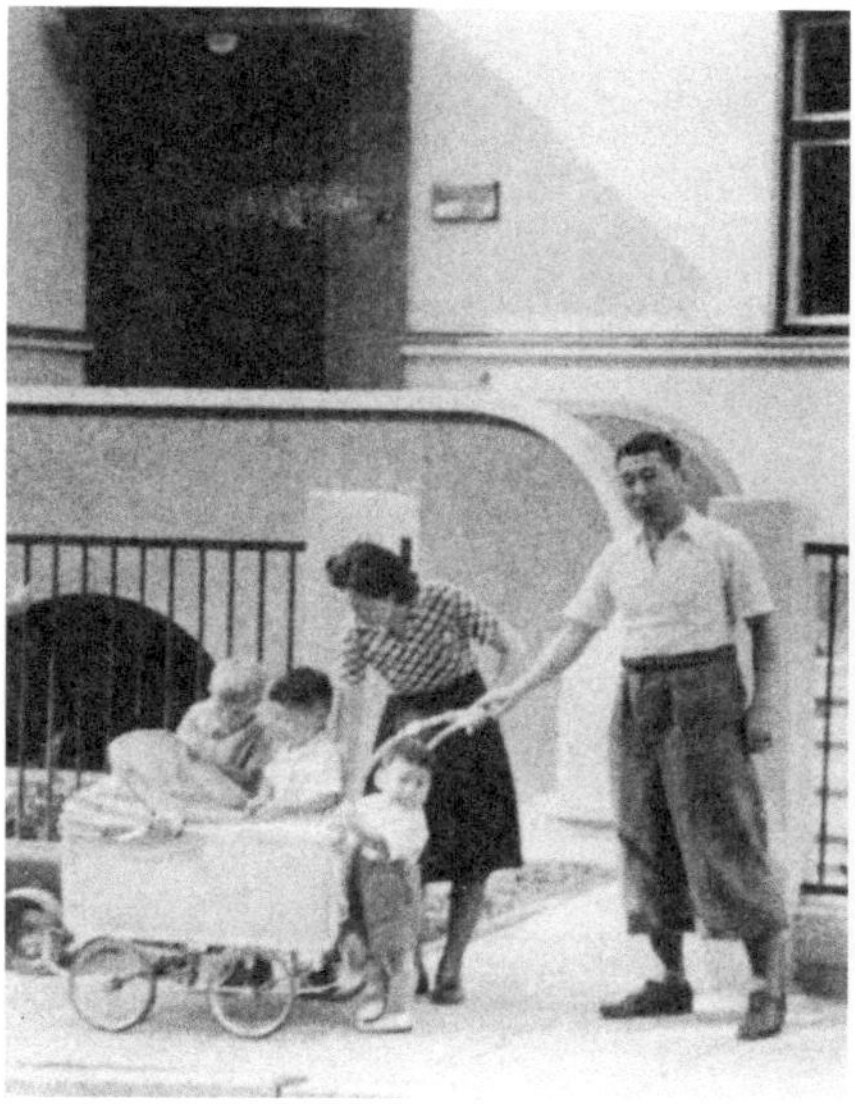

領事館《りょうじかん》前の杉原さん一家
（6ページの写真のユダヤ人がいたところ）

領事館《りょうじかん》の入口に立つ幸子さん（左の人物）

1940年の杉原さんの家族（左の女性は幸子さんの妹）

「わたしは、ゾヴィ・クレメンテノスキーです。」

杉原さんも外国のことばで答えました。

「わたしは日本領事代理の杉原千畝です。お話を聞きましょう。どうぞ中へおはいりください。」

杉原さんは、なりゆきを見まもっている人びとの視線《しせん》を背中《せなか》に感じながら、代表たちを中へ案内《あんない》しました。事務所になっている部屋に通すと、みなにいすをすすめ、自分もいすに腰《こし》をおろしました。すぐバルファテックさんが口をひらきました。

「領事閣下《かっか》、わたしたちはポーランドからきました。わたしたちは日本を通って平和な国へ行きたいのです。そのために、閣下から日本を通ってもいいと認《みと》めてくださるビザをいただきたいのです。」

代表たちは、杉原さんがなんと答えるかと、かたずをのんで見つめました。

だれでも外国へ行くときは、その人の国の政府が、その人の身もとや国籍《こくせき》を証明し、相手国の政府に保護《ほご》をたのむ書類、「パスポート」がいります。これは旅券《りょけん》ともいいますが、これだけではじゅうぶんではありません。国によっては、もうひとつ「ビザ」とよばれる書類が必要です。これは査証《さしょう》ともいい、その人が行きたい国が「来てもよろしい」とみとめるビザと、そこへ行くとちゅうに通る国が「通ってもよろしい」とみとめる通過《つうか》ビザ（TRANSIT VISA）などがあります。ユダヤ人たちが杉原さんにたのんだのは、日本を通るのに必要な通過ビザでした。

杉原さんは、おだやかに答えました。

「わたしは、数人分のビザを発給《はっきゅう》することはできますが、これほど大勢の人たちに私の判断《はんだん》だけでビザをお出しすることはできません。このことをわかっていただきたい。」

「しかし、そこのところをおねがいしたいのです。」

代表たちは、口ぐちにうったえました。だれもみな必死《ひっし》の表情です。

「スギハァラさん、わたしたちを助けてください。あなたは、日本人の代表です。わたしは、ユダヤ人の代表です。どうか、日本人を代表してユダヤ人を助けてください。」

バルファテックさんが立って頭をさげました。

「……。」

このとき、杉原さんは日本の規則《きそく》をおしとおして、ビザを出せないといってことわることもできたのです。いたけだかに、あるいはひにくないいかたで、ユダヤ人たちに「来るところをまちがえているのでは？　出ていきなさい。」ということもできたでしょう。

杉原さんは、前にいたことのある中国の「満州《まんしゅう》」というところで、日本人が中国人に対して、そんなふうにいばりちらすところをよく見かけました。

しかし杉原さんは、だまってユダヤ人たちの話をききました。

〈どうしたらいいだろうか……しかし、この人たちを助けなかったら、ぼくの人生はなんだったのかと問われてしまう。〉

杉原さんの心は、ユダヤ人難民の人たちへの同情でいっぱいになりました。


なぜポーランドからリトアニアに逃げてきたユダヤ人たちが、日本領事館にやってきたのでしょうか。

そのわけは、そのころのリトアニアをとりまくヨーロッパの状態《じょうたい》や、ユダヤ人たちがおかれた境遇《きょうぐう》にありました。

そのころ、ポーランドのとなりの国ドイツでは、アドルフ・ヒトラー（一八八九年生まれ～一九四五年没《ぼつ》）という男がひきいるナチス党《とう》がいちばん力をもっていました。ドイツ国民は、はじめのうちは、自分たちが選挙《せんきょ》で選んだヒトラーが、ドイツをよくしてくれると思っていましたが、しだいにナチスのやり方に服従《ふくじゅう》することを強《し》いられるようになり、ナチスのやりかたに反対《はんたい》することはゆるされなくなりました。反対する人は、追放《ついほう》されたり逮捕《たいほ》されたり暴力《ぼうりょく》でいためつけられたり、殺されたりしました。そんなナチスが支配《しはい》していた時代のドイツを、

アドルフ・ヒトラー
右はナチス党《とう》のマーク「カギ十字」

とくにナチス・ドイツともいいます。ヒトラーがドイツの首相になった一九三三年から、彼がドイツの敗戦《はいせん》とともに自殺する一九四五年までのあいだです。

この当時ドイツ国内には約五〇万人のユダヤ人がいました。

ユダヤ人とはどのような人たちでしょうか。

ユダヤ人という民族《みんぞく》の名前は、かれらが中東《ちゅうとう》のパレスチナの地に古代国家《こだいこっか》をつくったとき、そこにいた十二部族《ぶぞく》の中で、もっとも勢力《せいりょく》があったユダ族に由来《ゆらい》します。

ヒブル人（川を越《こ》えてきた人たち）という呼《よ》び名もあります。古代のユダヤ国家や、彼らが信仰《しんこう》するユダヤ教の聖典《せいてん》『聖書《せいしょ》（旧約聖書《きゅうやくせいしょ》）』や、現在多くのユダヤ人が住んでいるイスラエル国《こく》で使われていることばは、「ヒブル語（ヘブライ語）」とよばれています。（ちなみに『旧約聖書』といういいかたはキリスト教から見た呼びかたです。）

イスラエル人という呼び名もあります。これはかれらの先祖《せんぞ》のヤコブという人が神さまからもらった名前です。古代イスラエル王国の名のもとにもなり、現在のイスラエル国の国民をさすことばにもなっています。

紀元《きげん》七〇年に、ローマ帝国《ていこく》によってエルサレムの神殿《しんでん》が破壊《はかい》され、ユダヤ人の国がほろぼされたとき、祖国を失《うしな》ったユダヤ人たちは、各地に離散《りさん》していきました。

ヨーロッパなど各地に住みついたユダヤ人は、ユダヤ教をおもととしながらも考え方の異《こと》なるキリスト教徒《きょうと》などから、差別《さべつ》や迫害《はくがい》を受けることがありました。中世以降《ちゅうせいいこう》には、ゲットーとよばれる仕切《しき》られた区域《くいき》に、強制的《きょうせいてき》に住まわされたりすることもありました。また、苦難《くなん》や差別のなかで生きのびようとする努力によって、ユダヤ人の中には経済的・社会的に成功する人たちもあらわれましたが、それがねたみをかったり、警戒心《けいかいしん》を持たれることもありました。

古代の王国の記憶《きおく》や、国を失って散《ち》らばった苦しみ、ユダヤ教の独特《どくとく》の信仰、長い歴史のなかで受けてきた迫害などが、かれらをユダヤ人として結びつけてきました。

このように、ユダヤ人とは、「ユダヤという国の国籍《こくせき》をもつ人」ではありません。ユダヤ教を信仰する人であったり、その子孫《しそん》であったり、そのようなつながりをもつ「民族」とされたりと、その説明はなかなかかんたんではありません。

ユダヤと日本とのあいだにも、じつはさまざまなかかわりがあります。たとえば身近《みぢか》なところでは、一週間《いっしゅうかん》を七日間とし、週の終わりを休日とするのは、『旧約聖書』に由来するともいわれています。冬に花屋さんの店頭《てんとう》をかざるシクラメンは、もとはイスラエルなど地中海沿《ちちゅうかいえん》岸《がん》の原野《げんや》にそだつ野草《やそう》です。

ヒトラーとナチスは、ドイツ人は世界で、もっともすぐれた民族だと信じていました（ヒトラー自身はドイツ人ではなくオーストリア人だったのですが）。そして反対に、ユダヤ人はもっともおとった民族だと決めつけました。ナチス・ドイツのユダヤ人迫害は、一九三三年一月にヒトラーが首相《しゅしょう》になったときから、おおっぴらにすすめられるようになりました。一九三五年には、国内のユダヤ人に対して、いろいろなことを禁じる法律《ほうりつ》をつくりました。

ユダヤ人は、教員や議員などの公職《こうしょく》についてはいけない。
ユダヤ人は、ドイツ人と結婚《けっこん》してはいけない。
ユダヤ人は、電話を使ってはいけない。
ユダヤ人は、犬や猫《ねこ》や小鳥を飼育《しいく》してはいけない。
ユダヤ人から、金《きん》、銀《ぎん》、宝石《ほうせき》などの貴金属《ききんぞく》、ラジオを没収《ぼっしゅう》する。
ユダヤ人は、映画館やレストランにはいってはいけない。
ユダヤ人は、夜、出歩いてはいけない。

「ユダヤ人は立入禁止」と書かれたプール（うしろ手に持っているのは水着《みずぎ》）

まだまだあります。ある写真には、「ユダヤ人は水泳禁止《きんし》」というプールがでていました。

この法律「ニュルンベルク法」によって、ユダヤ人は市民としての権利《けんり》をうばわれてしまいました。

ナチスのユダヤ人に対するしめつけはどんどんひどくなり、ドイツ国内のユダヤ人を追《つい》放《ほう》したり、つかまえて殺すようになりました。ユダヤ人は、ただユダヤ人だというだけで、逮捕され乱暴《らんぼう》され、殺されるようになりました。そして、のちにナチスは、ユダヤ人をみな殺《ごろ》しにしてしまおうと考えるようになり、その考えを実行するようになっていったのです。

そのドイツがとつぜんポーランドにせめこんで、ポーランドを占領《せんりょう》してしまいました。杉原さん一家がリトアニアにやってきてからわずか数日後の、一九三九年九月一日のことでした。それに対して、ポーランドと同盟《どうめい》をむすんでいたイギリスが、フランスとともに、九月三日、ドイツに対して宣戦布告《せんせんふこく》をしました。宣戦布告とは、戦争《せんそう》をするぞという公式の宣言《せんげん》を相手の国にすることです。

こうして、いま「第二次世界大戦《だいにじせかいたいせん》」とよばれている六年間にわたる大戦争《だいせんそう》がはじまりました。ヨーロッパを中心とした戦争がまずおこり、二年後には日本が参戦《さんせん》して大戦争がアジアでもおこりました。戦争は、ドイツ、イタリア、日本などの「枢軸国《すうじくこく》」とよばれる勢力《せいりょく》と、イギリス、フランス、ソ連、アメリカ、中国などの「連合国《れんごうこく》」とよばれる勢力のあいだで戦われました。この戦争で死んだ人の数は、世界中でおよそ八五〇〇万人にのぼるとされています。これは一九五二年、三年ごろの日本の総人口《そうじんこう》とほぼ同じです。どんなにたいへんな戦争だったかわかるでしょう。

ナチス・ドイツは、軍隊《ぐんたい》を強くしました。そしてヨーロッパの国ぐにをどんどん侵略《しんりゃく》し占領しました。そのうえ、それらの国ぐにからうばったものを、ドイツ国民にあたえました。ナチスは選挙のとき〝豊《ゆた》かな生活〟を約束《やくそく》してドイツ国民の支持《しじ》を得《え》ましたが、その豊かさの中《なか》味《み》は、血《ち》ぬられたものだったのです。

あるドイツ人女性は、そのころのことをこのように話しています。

「第一次世界大戦《だいいちじせかいたいせん》で負けたドイツは、ひどい物価高《ぶっかだか》や失業《しつぎょう》や貧乏《びんぼう》などで苦しんでいました。でもナチスが政権《せいけん》をとってから、失業している人はいなくなり、豊かになりました。服もただで配給《はいきゅう》されました。ところが、あるとき、配給されたオーバーを着ようとしたら、黒い血のあとがついていたのです。係の人は、『洗《せん》たくしていないものがまぎれこんだのだ』といいました。わたしは変《へん》だと感《かん》じました。やがて、これはユダヤ人を殺して、死体《したい》からはいだオーバーだとわかりました。そのころには、多くのドイツ人がナチスのやりかたに嫌悪感《けんおかん》をもつようになっていました。けれども同時に、すでに、ナチスに反対することはできないような状態《じょうたい》になっていたのです。」

ユダヤ人への暴力《ぼうりょく》は、ナチス・ドイツが占領した国ぐにでもおこなわれました。ヨーロッパには、そのころ約《やく》一千万人のユダヤ人がいましたが、ナチス・ドイツとナチスに賛成《さんせい》する人たちによって、そのうち六百万人以上が殺されたといわれています。みなさんも中学生になったら、社会科の教科書などで、ナチスの兵士が小学生くらいのユダヤ人の男の子に、銃《じゅう》をつきつけている写真を見ることがあるでしょう。

ナチスに追《お》われるユダヤ人（ポーランド、ワルシャワのゲットー）

ナチス・ドイツは、強制収容所《きょうせいしゅうようじょ》という施設《しせつ》を、ドイツやポーランドなどヨーロッパの各地につくりました。そして、ドイツや占領した国ぐににいたユダヤ人を捕《つか》まえてこの強制収容所に送りこみ、ひどくつらい労働《ろうどう》をさせたり、組織的《そしきてき》に殺したりしました。なかでもポーランドにつくられたアウシュヴィッツ・ビルケナウ強制収容所群《ぐん》は悪名《あくめい》高く、ここだけで百万人以上のユダヤ人が毒《どく》ガスなどによって殺されました。

ポーランドの地図で南の地方をさがすと、クラクフという都市《とし》があります。その西のほうにオシフィエンチムというところがありますが、そこがアウシュヴィッツ強制収容所があったところです。アウシュヴィッツは、ナチス・ドイツが、ポーランド人にむりにおしつけたドイツ名で、戦争が終わったときポーランド人によって、もとの名になおされました。

一九三九年にナチス・ドイツがポーランドにせめこんだとき、ポーランドには約三五〇万人のユダヤ人が住んでいました。一部の人びとは国の外へ逃げましたが、そのほかの人びとはナチス・ドイツによって、ゲットーに強制的に住まわされました。せまいゲットーにたくさんの人びとが押しこめられ、不衛生《ふえいせい》な環境《かんきょう》や食料不足《ぶそく》のせいで、多くのユダヤ人が亡《な》くなりました。

ポーランドから逃げたユダヤ人たちは、ナチス・ドイツの力がおよんでいない北のほうへ行くしかありませんでした。

北にある国は、リトアニアとソ連《れん》（ソビエト社会主義《しゃかいしゅぎ》共和国連邦《きょうわこくれんぽう》）です。でもソ連はだめです。この国もロシア帝国《ていこく》といわれていた昔《むかし》から、ずっと反ユダヤ的――つまりユダヤ人への偏見《へんけん》や差別がみられたからです。一九一七年に、ロシア帝国がソ連という国に変わってからも、ユダヤ人に対する弾圧《だんあつ》がおこなわれていました。

それにソ連は、ナチス・ドイツがポーランドにせめこむと同時に、東から軍隊《ぐんたい》をポーランドにすすめ、ナチス・ドイツとポーランドを二つに分けてしまいました。ユダヤ人たちは、ソ連もおそれていました。

のこされた逃げ場《にば》はリトアニアだけです。

リトアニアはもともと、ポーランドやロシアやドイツとたいへんふくざつな関係にありましたが、第一次世界大戦後の一九二〇年には、独立《どくりつ》したリトアニア共和国《きょうわこく》となっていました。

しかし、一九三八年、ポーランドがリトアニアの首都《しゅと》ヴィリニュスの領有《りょうゆう》を要求《ようきゅう》し、ポーランドの領土《りょうど》にしてしまいました。(このため、杉原さんが領事代理だったときは、カウナスがリトアニアの臨時《りんじ》の首都《しゅと》だったのです。)一九三九年には、ナチス・ドイツが、リトアニアのバルト海に面《めん》したクライペダという地域《ちいき》を、以前《いぜん》はドイツの領土だったからといって、領土にしてしまいました。

さらに一九四〇年になると、リトアニアは、国そのものがとても危《あぶ》ない状態にありました。というのは、ソ連が力づくでリトアニアを自国の領土にしようとしていたからです。

ナチス・ドイツとソ連は、これまでずっと、ポーランドとリトアニアをはさんで、おたがいにけんせいしあっていました。どちらの政府も、いずれ相手と戦争になるときがくると考えていながらも、まだそれをさけていました。

そのためリトアニアには、両国の力のバランスによって、びみょうな無風《むふう》状態が保《たも》たれていたのです。そのバランスをやぶったのは、ソ連でした。

ナチス・ドイツがポーランドにせめこむ一週間ほど前、ナチス・ドイツとソ連とは、おたがいの領土をおかさないという「独《どく》ソ不《ふ》可《か》侵《しん》条《じょう》約《やく》」をむすんでいました。その条約のうらでは、じつは、ナチス・ドイツがポーランドに軍隊をすすめてもソ連は文句《もんく》をいわない、そのかわり、ソ連がリトアニア、ラトヴィア、エストニアの〝バルト三国《さんごく》〟を自国の領土に引きいれても、ナチス・ドイツは文句をいわない、というひみつの約束《やくそく》ができていました。

ソ連はリトアニアに圧力《あつりょく》をかけました。ナチス・ドイツにつづいて一九三九年九月七日にポーランドの半分を占領すると、その一か月あとにリトアニア政府をおどして、ソ連とのあいだに軍事同盟《ぐんじどうめい》をむすばせました。そのあとは、リトアニアの港《みなと》を手にいれ、つぎはソ連の軍人がリトアニアで行方不明《ゆくえふめい》になったという口実《こうじつ》で、ソ連軍をリトアニア国内にすすめ、一九四〇年の六月にいすわりました。さらにリトアニア政府に横《よこ》ヤリをいれて不正《ふせい》選挙をおこなわせ、ついに八月三日にリトアニアをソ連の領土に組みいれてしまいました。同じ年に、フィンランドの一部、ラトヴィア、エストニアもソ連の領土に組みいれられています。

一九四〇年の夏、まわりの国ぐにが次つぎとナチス・ドイツやソ連の支配下に組みこまれ、リトアニアもあやうくなり、逃げ道がしだいに閉《と》ざされていくなかで、ユダヤ人たちは、日本へ向かって脱出《だっしゅつ》し、日本から安全な国へ行こうと考えました。そのためには、ソ連の国内を鉄道で通過しなくてはなりませんが、日本がユダヤ人たちに「日本に来てもいい」「日本を通ってもいい」というビザを出してくれさえすればだいじょうぶです。

ある国がビザを出すのは、「わが国はこの人を受けいれます」ということを世界に公表《こうひょう》するのと同じです。ある国のビザをもっている人を、ふつうよその国が旅のとちゅうで正当《せいとう》な理由もなく逮捕することはできません。だからユダヤ人たちは、日本のビザをもっていれば、たとえソ連領内《りょうない》でも堂《どう》どうと通れるのです。

リトアニアには、日本の領事館があります。日本はナチス・ドイツと協定《きょうてい》をむすんだりするつきあいがあって敵対《てきたい》していないし、しかもソ連ともまだ戦争をはじめていません。（ソ連が日本に宣戦布告するのは、一九四五年八月八日です。）

リトアニアに逃げてきていたユダヤ人たちが、日本領事館を〝命《いのち》の綱《つな》〟とたのんでやってきたのには、そのようなわけがありました。

しかし、リトアニアがソ連の領土になってしまったら、日本の政府もソ連側から、領事館を引きはらうようにといわれてしまうかもしれません。ユダヤ人たちは、あせりました。じっさいリトアニアがソ連領になってからは、各国の大使館《たいしかん》や領事館が閉じられていきました。ソ連政府は、日本領事館にもいろいろなやりかたで、圧力をかけてきました。ソ連兵が日本領事館の前を行ったり来たりもしました。

杉原さんは、そのようなせっぱつまった状態の中で、ユダヤ人たちからビザをもとめられたのです。

ところで、はじめにあげた写真の人びとの服装《ふくそう》は、七月にしてはずいぶん暑苦《あつくる》しそうではありませんか。だれもみな長いコートをきていますし、ぼうしをかぶっている人もいます。真夏《まなつ》だというのに、どうしてでしょうか。

そのわけは、リトアニアの夏は、夏といっても日本の五月ごろの気温《きおん》だからです。日本の夏みたいに三十度をこしたりすることはありません。日中でも平均気温《へいきんきおん》は十七度くらいにしかなりません。北緯《ほくい》およそ五五度《ど》のカウナスは、日本より北に位置《いち》します。リトアニアの川は冬になるとすべて凍《こお》ります。この国の冬の寒さがどんなにきびしいか、予想がつきます。夜から朝はやくにかけて、道の上でならんでいるユダヤ人たちにとって、写真にうつっている服装《ふくそう》はとうぜんだったのです。

それに、ポーランドから逃げてきたユダヤ人たちは、すでに一年以上も身のまわりのものを切《き》り売《う》りして食《く》いつないできたため、貧《まず》しい人も多かったのです。

ユダヤ人の代表は、そのこともうったえました。

「わたしたちは、このリトアニアで冬をこすことはできません。すこしでもはやくここを出発したいのです。」

どの顔もよごれています。おふろにも、長い間はいっていないのでしょう。つかれきって気《き》むずかしそうな顔、顔、顔。杉原さんは、飢《う》えとつかれと恐怖《きょうふ》におびえているユダヤ人の子どもたちのすがたを目《ま》のあたりにしました。

ヨーロッパで外交《がいこう》の最前線《さいぜんせん》にいた杉原さんは、ナチス・ドイツのユダヤ人に対するやりかたがどんなものか、おそらくよくわかっていたことでしょう。そして、目の前のユダヤ人たちにとって、この日本領事館がのこされた数少ない道であること、それも時間のゆとりはないことも、よくわかっていました。

「スギハァラさん、わたしたちにビザをください。」

「スギハァラさん、もしあなたがわたしたちを助けてくださるなら、ユダヤ民族はけっしてあなたの名前をわすれないでしょう。あなたがどんなに遠《とお》くにおられても、なにをされていようとも、かならずわたしたちは、あなたをさがしだします。」

またひとりがいいました。

「どんなに月日がたとうとも、わたしたちは、かならずふたたびあなたの前に立ちます。そして、ユダヤ民族の碑《いしぶみ》に、あなたの名前をきざみます。」

杉原さんは、思いがけないことをいわれてびっくりしました。

〈なんという胸《むね》をうつことばだろう。それほどまでに、この人たちは苦しんでいるのか。ユダヤ人は今《いま》、どんなにひどいめにあっていることだろう。しかも、この人たちは民族の誇《ほこ》りを少しもなくしてはいないのだ。〉

杉原さんは、ユダヤ人たちのことばに胸をうたれました。しかし、彼らのことばにうっとりとしているわけにはいきません。杉原さんは、日本の外交官として、どうするべきかを考えていました。

〈わたしがいくら領事代理だからといって、いちどにたくさんのビザを、外務省《がいむしょう》にことわりもなく出すなんて、できるわけがない。そんなことをしたら大問題だ。ビザ発給《はっきゅう》の条件《じょうけん》を満《み》たしていない人もたくさんいるようだ。まず外務省に聞いてみなくては……。〉

杉原さんは、いすから立ちあがりました。

「しばらく待ってください。わたしは本国《ほんごく》に、あなたたちへのビザを出していいかどうか、聞いてみます。」

ユダヤ人の代表たちは、はっとして杉原さんの顔を見ました。

「おお……。」

代表のだれかが、ひくくうめきました。

幸子さんは、その日のことをよくおぼえています。

「わたしは、一階の窓からユダヤ人難民《なんみん》の人たちを見ていました。領事館は、半地下《はんちか》が事務所で、一階がわたしたちのすまいになっていました。戦争がはじまれば、すぐ国外《こくがい》へ退去《たいきょ》しなくてはいけないような事態《じたい》が考えられましたから、主人は事務所とすまいをいっしょの建物にしたのです。

たくさんのユダヤ人が集まっていました。女の人が子どもたちをつれて立っています。わたしは『あの人がもしわたしだったら』と思って、はっとしました。わたしたちには、三つをかしらに、一つと、生まれて二か月になる、三人の男の子がおりましたから。

鉄柵――領事館のまわりには鉄柵がありました――人びとがよじのぼって、われさきにはいろうとするので、使用人がなんどもおしかえしているのが見えました。

その日は、百人くらい来ていました。あるいはもっと多かったような気もします。とにかく、気がついたときには、領事館のまわりはユダヤ人でいっぱいでした。それからもだんだんふえていきました。

主人は、ユダヤ人の代表からひととおり話を聞くと、一階にあがってきました。みけんにしわをよせていました。

だまったままテーブルにつき、コーヒーにミルクを落《お》として口もとにもっていきました。となりの食堂《しょくどう》では、ボーイが朝食のしたくをしていて、食器《しょっき》のふれあう音が聞こえました。

主人はテーブルの上にひじをついたまま、外が静《しず》かになるのを待《ま》っていました。それから立ちあがると、窓のところへ行って外を見ました。わたしも主人のわきにならんで外を見ました。お母さんのコートのうしろにかくれている、ユダヤ人の子どもたちがいます。飢《う》えと恐怖《きょうふ》のために、おとなのような顔をしている少女がいました。待ちくたびれてしゃがんでいる小さな子どももいました。

窓を閉《し》めると、なげきともかなしみともつかぬ声が、路上《ろじょう》の人びとのあいだからいっせいにあがりました。その声が主人の心をわしづかみにしたのでしょう。主人は、わたしに申しました。

『彼《かれ》らがさけばなければ、石がさけぶだろう！』

主人は、窓のカーテンを引くと、またテーブルの前にこしかけました。外で子どもの泣《な》く声がしました。

主人は、子どもがだいすきです。うちでも子どもたちと話をすることが楽しみな人でした。

夜、子どもたちのベッドのわきにこしかけて、『つるのおんがえし』や『彦一《ひこいち》ばなし』や

『笠《かさ》じぞう』や『へこき娘《むすめ》のへひりかぜ』なんていう昔話《むかしばなし》をたくさん聞かせてやっていました。ときどき『仕事はうまくいっとるで。そうだも』と、生まれ故郷《こきょう》近くの名古屋弁《なごやべん》をつかって、みんなを笑《わら》わせたりしました。

主人は子どもたちをねかせようとして話すのに、話がおもしろいので子どもたちはかえって目がさえて、なかなかねません。それをしかるのですけど、そのうち、子どもといっしょになって笑いだすしまつです。

もっとも主人は、ふだん子どもをしかることがなかったですね。注意《ちゅうい》もしなかったですよ。それでもかんじんなところは、びしっとしまっていました。なんか威厳《いげん》があったのね。だから子どもたちは、お父さんのいうことなら、なんでもききました。

でも、あの日の夜は、子どもたちと話をしませんでした。ユダヤ人のことで頭がいっぱいだったのです。子どもたちの世話《せわ》は、わたしの妹が見てくれました。」

わたしの目は涙《なみだ》のためつぶれ
わたしのはらわたはわきかえり
わたしの心はわが民《たみ》の娘の滅《ほろ》びのために
地に注《そそ》ぎ出されます

幼《おさ》な子《ご》や乳《ち》のみ子《ご》が　町の通りに
息も絶《た》えようとしているからです

彼らが傷《きず》ついた者のように　町の通りで息も絶えようとするとき
その母のふところに　その命を注ぎ出そうとするとき
母に向かって『パンとぶどう酒《しゅ》とは　どこにありますか』と叫《さけ》びます

（中略）

町のかどで　飢えて
息も絶えようとする幼な子の命のために
神にむかって両手をあげてください
（『旧約聖書』「哀歌《あいか》」より。古代ユダヤ人の預言者《よげんしゃ》で詩人のエレミアが、バビロニアの軍隊がユダヤ人の都《みやこ》エルサレムをほろぼすようすを目撃《もくげき》したときの詩とされる。）

杉原さんは、日本の外務省に電報《でんぽう》をうちました。

2 カウナスへの道

杉原さんが、正式に外交官《がいこうかん》として歩きだしたのは、一九二四年のことでした。中国東北部の都市《とし》ハルビンにあった日本総領事館《そうりょうじかん》に書記生《しょきせい》として採用《さいよう》されたのです。

杉原さんは一九〇〇年一月一日の生まれなので、このとき二十四歳《さい》でした。

ここで、杉原さんの生《お》いたちについて、すこしふれておきます。

杉原さんは、岐阜《ぎふ》県に、五人兄弟《きょうだい》の二男として生まれました。

税務署《ぜいむしょ》の職員《しょくいん》で転勤《てんきん》の多かったお父さんのつごうで、三重《みえ》県、岐阜県、愛知《あいち》県内の三つの小学校に通いました。愛知県名古屋《なごや》市の中学校に通ったあと、朝鮮《ちょうせん》で事業《じぎょう》をはじめたお父さんによばれて、朝鮮に行きました。

お父さんは、杉原さんに医者《いしゃ》になってほしいと思っていました。

「千畝《ちうね》、おまえは医者になれ。」

しかし、杉原さんは英語の勉強をして、外国語をつかう仕事をしたいと考えていました。

「ぼくは医者にはなりたくないな。なるなら学校の先生がいいよ。」

杉原さんは朝鮮にあった医学学校を受験《じゅけん》しましたが、不合格《ふごうかく》となりました。医者になる気がなかったので、解答《かいとう》用紙を白紙《はくし》で出したともいわれています。そしてひとりで日本に帰り、東京で早稲田《わせだ》大学の高等師範部予科《しはんぶよか》に入学しました。

杉原さん(後列左)のお母さんと兄弟

ある日、お母さんから手紙がきました。

「千畝、帰っておいで。お父さんにはわたしからあやまってあげるから。」

でも、杉原さんはこう答えました。

「いいえ、ぼくは自分の生きかたをつらぬきます。」

杉原さんのお母さんは、お父さんにだまって、杉原さんにお金を送ってあげました。杉原さんも、新聞配達《しんぶんはいたつ》などのアルバイトで働いていましたが、とうとう学費《がくひ》がつづかなくなってしまいました。こまった杉原さんの目に、ぐうぜん新聞の記事《きじ》がとびこんできました。募集広告《ぼしゅうこうこく》です。外務省《がいむしょう》が留学生《りゅうがくせい》を募集していました。

杉原さんはさっそく試験《しけん》を受け、合格し、ロシア語を勉強することになりました。政府のお金で、ロシア人がたくさんいた中国東北部「満州《まんしゅう》」の都会《とかい》、ハルビンに派遣《はけん》されました。

一九一九年、杉原さんが十九歳のときのことです。

一時休学《きゅうがく》して二十歳で陸軍《りくぐん》に入り、陸軍からもどった後、二十三歳のときハルビンから満洲里《まんちゅうり》にうつり、そこでもいっしょうけんめい勉強しました。ロシア語はすぐ上達《じょうたつ》して、やがてハルビン学院で日本人にロシア語を教えるほどになりました。そんな杉原さんの勉強ぶりに注目《ちゅうもく》した外務省は、杉原さんを書記生に採用しました。それから、杉原さんはハルビンの日本大使館で三十二歳になるまで働《はたら》きました。

その杉原さんに、できたばかりの「満州国《まんしゅうこく》」の外交部《がいこうぶ》が目をつけました。

「ぜひ満州国にきて働いてほしい。」

杉原さんは、そのさそいを受けて、日本の外務省から、満州国の外交部へうつりました。

杉原さんは、満州国では事務官《じむかん》となり、満州国がソ連《れん》から北満州鉄道《きたまんしゅうてつどう》を買いとる交渉《こうしょう》の際《さい》には通訳《つうやく》を務《つと》めました。杉原さんははやくから関係者のあいだでロシア通《つう》として知られ、「外務省に杉原あり」といわれていました。杉原さんは英語、ドイツ語、フランス語、ロシア語にすぐれ、中国語と朝鮮《ちょうせん》語もすこしわかりました。とくにロシア語はすばらしく、杉原さんが満州にいたころ、杉原さんの話すロシア語を聞いた人が、こういったくらいです。

「杉原君のロシア語は、目をつぶって聞いていると、てっきりロシア人が話していると思ってしまうよ。」

杉原さんは、やがて「満州国」外交部の理事官《りじかん》、ロシア科長《かちょう》になりました。しかし、北満州鉄道の交渉が終わると、杉原さんは満州国をやめてしまいました。一九三五年のことです。

杉原さんは満州国をやめて日本に帰《かえ》ると、外務省にもどりました。杉原さんは、日本のソ連外交に欠かせない人になっていました。

当時《とうじ》、日本政府《せいふ》が外交のうえでもっとも力をいれていた国は、中国、アメリカ、ドイツ、そしてソ連でした。とくにソ連は、ロシア帝国《ていこく》だった時代、一九〇四年に日本と戦争《せんそう》（「日露《にちろ》戦争」）をした相手《あいて》の国です。この戦争は、日本がようやく勝《か》てた苦《くる》しい戦争でした。その後ロシア帝国は、一九一七年のロシア革命《かくめい》によって皇帝《こうてい》の政府がたおされ、労働者《ろうどうしゃ》と農民《のうみん》の国ソビエト社会主義《しゃかいしゅぎ》共和国連邦《きょうわこくれんぽう》（ソ連）に生まれかわりました。この国は、満州国と国境《こっきょう》が接《せっ》しているので、日本にとって、やはりおそろしい大きな相手でした。日本の軍隊は、ソ連と戦争をするばあいにそなえていました。ソ連がどんなうごきをしているか、情報をつかむことはとても重要でした。

外務省は、杉原さんをソ連へ派遣《はけん》しようとしました。しかし、ソ連のほうでは、ソ連に反対する勢力とつきあいがあったといって、杉原さんの入国をゆるしません。

外務省はそこで杉原さんを、ロシアに近いフィンランドの首都《しゅと》ヘルシンキにある日本公使館《こうしかん》に派遣することにしました。一九三七年、杉原さんは前の年に結婚《けっこん》した奥《おく》さんの幸子《ゆきこ》さんと息子《むすこ》さん、幸子さんの妹さんと、船でフィンランドへ向けて出発しました。

ヘルシンキでしばらく仕事をした杉原さんは、こんどは、すでにお話ししたように、リトアニアの領事代理《りょうじだいり》としてカウナスに行くことになりましたが、この新しい任務《にんむ》には、陸軍参謀《さんぼう》本部の推《すい》せんがあったともいいます。

「杉原に仕事をさせろ。」

陸軍は、杉原さんに大《おお》いに期待《きたい》していたのです。じっさい杉原さんは、日本の外交官の中で、はやいうちから、ソ連とナチス・ドイツが戦争をすると見ぬいた人でした。それほどの人だからこそ、外務省もソ連のうごきをとらえるために、杉原さんをリトアニアの領事代理に任命《にんめい》し

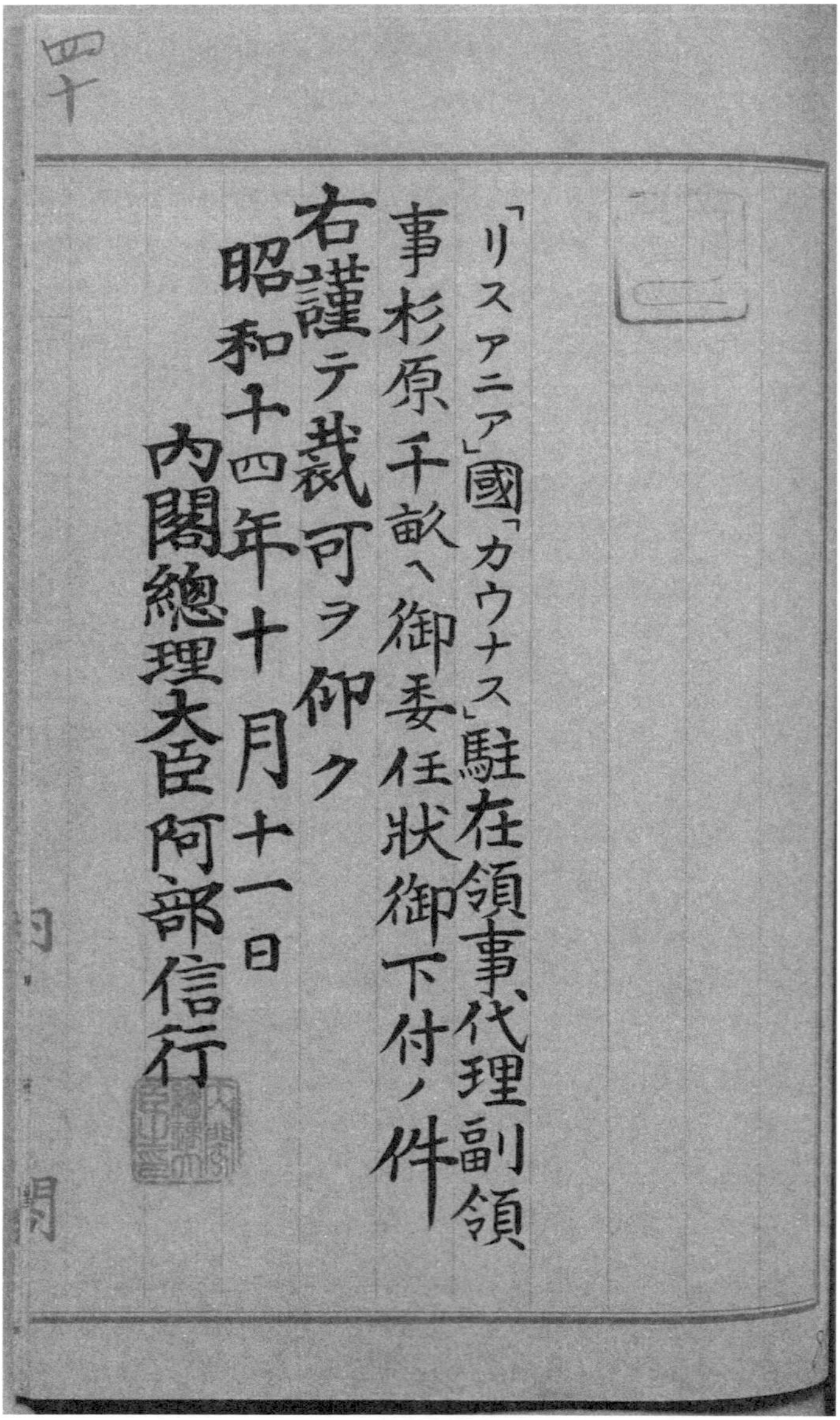

四十

「リスアニア」國「カウナス」駐在領事代理副領
事杉原千畝ヘ御委任狀御下付ノ件
右謹テ裁可ヲ仰ク
昭和十四年十月十一日
内閣總理大臣阿部信行

杉原さんをリトアニア・カウナス駐在《ちゅうざい》の領事代理に任命する委任状

たのです。

杉原さんには陸軍少尉《しょうい》の肩《かた》がきもありました。でも幸子さんはいいます。

「主人は、戦争のきらいな軍人でした。人間にいちばんたいせつなのは愛だといつもいっていました。主人は、子どものようにとてもすなおな人でした。自分が悪かったと思うと、すぐあやまるんですよ。反対《はんたい》にとてもがんこなところがあり、こうときめたら自分の信念《しんねん》をつらぬきとおす人でした。ものごとをかんたんにきめず、じっくりと考えたうえでやった人です。」

なるほど、杉原さんは陸軍が推せんするにふさわしい人材《じんざい》でした。しかし、陸軍も外務省も、杉原さんが、日本の外交官として、しゃくし定規《じょうぎ》に規則《きそく》にしたがうよりも、人道《じんどう》を重視《じゅうし》するほうを選《えら》ぶとは、思いもよらなかったのです。


日本は、杉原さんがリトアニアで領事代理となるすこし前から、第二次世界大戦中まで、ナチス・ドイツと条約《じょうやく》をむすんでいました。

日本がドイツと条約をむすんで仲間《なかま》になったきっかけのひとつは、杉原さんも働いたことのある「満州国」でした。「満州国」は、前年の満州事変《じへん》のあと、一九三二年に、清朝《しんちょう》最後の皇《こう》帝《てい》を元首《げんしゅ》として中国の東北地方につくられましたが、じっさいには、日本の役人や軍が、政治や経済に大きな力を持っていました。

満州事変を調査するため国際連盟《こくさいれんめい》が派遣した調査団《ちょうさだん》は、「満州国」での日本の立場を一部認《みと》めましたが、日本の軍事行動を認めず、「満州国」は自発的《じはつてき》な独立運動《どくりつうんどう》によって生まれたものではないとしました。一九三三年、国際連盟において、四二対一（一票は日本、ほか棄権《きけん》が一か国）の差で「満州国」は否認《ひにん》されました。このときの日本代表は松岡洋右《まつおかようすけ》全権大使《ぜんけんたいし》でしたが、席をけって退場しました。そして、日本は国際連盟を脱退《だったい》してしまいました。

後になって、満州国を承認する国もだんだんと増《ふ》えていきましたが、日本は、国際社会で孤《こ》立《りつ》することをさけるため、やはりのちに国際連盟を脱退したナチス・ドイツと、一九三六年に「日独防共協定《にちどくぼうきょうきょうてい》」という条約をむすびました。日は日本、独はドイツのことです。

日本とドイツは、やがて一九四〇年に「日独伊三国同盟《にちどくいさんごくどうめい》」（伊はイタリアのこと）をむすびますが、このときの日本の外務大臣《がいむだいじん》は先の松岡洋右でした。松岡は、ナチス・ドイツと手を組もうという日本人たちの代表でした。

当時、日本には、ナチス・ドイツよりも、アメリカと親しい関係をつくろうという政治家や軍人《ぐんじん》もいましたが、多くの人びとは、たちまちフランスを占領《せんりょう》したり、ヨーロッパの国ぐにをどんどん占領していくナチス・ドイツの勢《いきお》いにすっかり目をうばわれ、こちらと組むほうが有利《ゆうり》だと考える人びともいました。

もっとも、ナチス・ドイツは日本と手を組んだものの、日本人を自分たちと対等《たいとう》だと考えていたのではありません。ナチスの必読書《ひつどくしょ》だったヒトラーの本『わが闘争《とうそう》』の中には「日本人は文化をつくりだす能力《のうりょく》はない」などと書かれていますし、いずれナチス・ドイツが世界の支《し》配者《はいしゃ》になったときは、日本人を奴隷《どれい》にしてしまおうというのが彼《かれ》らの下心《したごころ》でした。この本は一九三二年（昭和十七年）に日本でも訳《やく》されましたが、日本人が読んだらナチス・ドイツに反《はん》感《かん》をもつようなところは省略《しょうりゃく》されていました。しかし原文《げんぶん》（ドイツ語）で読んだ日本人は、そのことを知っていました。

幸子さんはそのころのことを、このように話していました。

「あのころのことを、現在の尺度《しゃくど》ではかることは不可能《ふかのう》です。今ではとても考えられないようなことがまかりとおったり、反対に、今ではとうぜんのことがみとめられなかったりしました。

戦争で兵隊《へいたい》が死ぬと〝名誉《めいよ》の戦死《せんし》〟とたたえられ、自分の子が戦死した家は〝誉《ほま》れの家〟とほめられました。〝お国のため〟に自分を犠牲《ぎせい》にした人は、新聞がほめたたえました。

もしも政府や軍部のことで、じょうだんや悪口をいったりしたら、たちまち警察《けいさつ》にわかってしまいます。戦争に反対したりしようものならたいへん。たちまち〝非国民《ひこくみん》〟とか〝アカ〟とかいわれて、警察につれていかれたり、その地域《ちいき》で暮《く》らしていけなくなるようなめにあわされたり……自由にものがいえる時代ではなかったのです。」

3 決《けっ》断《だん》

リトアニアの日本領事館《りょうじかん》は、なぜすぐビザをだせない立場《たちば》にあったのでしょうか。

実はおおぜいのユダヤ人たちが領事館におしよせる前、まだソ連《れん》の圧力《あつりょく》がそれほど強まっていないころ、領事館にはだれも来ないような月日《つきひ》がありました。

領事館にやってきたユダヤ人の代表として杉原さんと話し合ったあのバルファテックさんは、さまざまな情報《じょうほう》がとびかう中で、どうしようかとためらうユダヤ人たちに、何度もうったえていました。

「いま、日本領事館で日本通過《つうか》ビザを発給《はっきゅう》している。行って、ビザをもらえ。いまなら間《ま》に合う。」

しかし、ある人はこういって反発《はんぱつ》しました。

「たとえビザをもらったとしても、本当にそれが役《やく》にたつかどうか、誰《だれ》にわかる。シベリア鉄《てつ》道《どう》に乗《の》って、日本海《にほんかい》を船《ふね》で渡《わた》って、それからどこへ行くのだ？　旅行《りょこう》に必要《ひつよう》なお金も持ちあわせていない！」

最終目的地《さいしゅうもくてきち》の入国《にゅうこく》ビザがなく、出国許可《しゅっこくきょか》もなければ、長旅《ながたび》をするお金もない人たちは、そんな通過ビザをもらってもしょうがないと考えていたのです。

バルファテックさんは、

「それは後の話だ。とにかく日本を通過するためのビザをもらえ。」

とせかしました。

当時《とうじ》、日本が外国人にビザを出すためには、

・最終目的地のビザを持っている

・日本へ行くまでと、日本を出て目的地に向かうための交通手段《こうつうしゅだん》の切符《きっぷ》を持っている

・十分《じゅうぶん》な旅費《りょひ》を持っている

という条件《じょうけん》が定められていました。しかし、前にもふれたように、ユダヤ人たちが行き先国のビザを手に入れることはどんどん難《むずか》しくなっており、また、手持《ても》ちのお金が少ない人たちも

いました。三つの条件をすべて満《み》たす難民《なんみん》は、多くなかったのです。

「本省《ほんしょう》に電報《でんぽう》をうってみるよ。主人は、わたしにそういいました。」

幸子《ゆきこ》さんによると、つぎのようなやりとりがあったといいます。

「主人は、外務省《がいむしょう》の返事《へんじ》をじりじりしながら待《ま》ちました。

回答《かいとう》がとどきました。

『内務省《ないむしょう》が、大量の外国人が国内を通過すると治安《ちあん》に責任《せきにん》がもてないといって抗議《こうぎ》している。ビザの発給はさしひかえるように』というのです。」

内務省というのは、今はありませんが、そのころは、警察《けいさつ》を指導《しどう》し、国内のいろいろなとりしまりをやっていた役所《やくしょ》です。

「主人は、ユダヤ人の代表に、もう一日みなさんへの返事《へんじ》を待ってくださいといい、つぎの日、電報《でんぽう》をうちなおしました。

ユダヤ難民がこまっている状態《じょうたい》を説明し、日本通過ビザの発給を許可《きょか》するよう日本政府にもとめました。

返事はこうでした。『大量の難民が日本にきたばあい、難民を運ぶ船会社《ふながいしゃ》が輸送《ゆそう》は責任をもてないといっている。けっしてビザを発給しないように。』

主人は、三度めの電報をうちました。
『ユダヤ難民にビザを発給してもよろしいか……。』
三度めの〝ビザを出すな〟という命令が外務省からとどきました。
主人はだまりこんでしまいました。」

この三度の問い合わせと回答については、記録がみつかっていません。しかし、リトアニアの日本領事館と日本の外務省とのあいだで、ユダヤ人のビザをめぐって、ほかにもやりとりがありました。そのときの両方の通信文が、東京の外務省外交史料館《しりょうかん》にのこっています。

ほんらいバルト三国《さんごく》つまりリトアニア、ラトヴィア、エストニアにおかれた日本の外務省の出先機関《でさききかん》を指揮《しき》するのは、ラトヴィアの首都《しゅと》リガにある日本公使館《こうしかん》でした。そして杉原さんの直接《ちょくせつ》の上司《じょうし》は、ラトヴィアにいる大鷹正次郎特命全権公使《おおたかしょうじろうとくめいぜんけんこうし》でした。

しかし、杉原さんはとくべつでした。日本の外務省つまり本省《ほんしょう》と直接交渉《ちょくせつこうしょう》をしました。それは、リトアニアの領事館は、ソ連の動きやソ連関係の情報を、はやく正確《せいかく》にとらえて日本政府に知らせるという重要な役目《やくめ》があったからです。

この当時《とうじ》の外交官《がいこうかん》の通信手段《つうしんしゅだん》は、郵便《ゆうびん》か電話か電信《でんしん》か、クーリエ（外交文書《ぶんしょ》を運ぶ人。常《つね》に二人一組《ひとくみ》で行動する。）を使うか、本人が直接《ちょくせつ》相手と会って話すことでした。

杉原さんから日本の外務省に送られた電報《でんぽう》があります。

●一九四〇年　七月二十八日
カウナス発《はつ》――本省　松岡外務大臣《まつおかがいむだいじん》あて
㊙電報第五〇号《ごう》
「リトアニアで、ソ連の政治組織《そしき》・共産党《きょうさんとう》が急速《きゅうそく》に広がっているうらには、ソ連の秘密《ひみつ》警察《けいさつ》（ＧＰＵ）の電撃《でんげき》的な暴力《ぼうりょく》と恐怖《きょうふ》政治（テロ）があります。
ソ連の秘密警察は、赤軍《せきぐん》（ソ連軍）の進駐《しんちゅう》とともに、ポーランド人や、ソ連の政治に反対《はんたい》するロシア人、リトアニア人、ユダヤ人の政治団体の本部を襲撃《しゅうげき》して、名簿《めいぼ》を手にいれました。」

杉原さんのこの電文《でんぶん》は、戦争中はけっして国民の目にはふれなかった文書《ぶんしょ》です。外務大臣と本省のトップクラスの人たちだけが、目を通すことをゆるされていました。なお、ここにあげた文は、ぼくがみなさんの読みやすいように、現代ふうに書きなおしたものです。もとの文は、そのころの官庁《かんちょう》が使っていた昔《むかし》の書きことばである文語体《ぶんごたい》で書かれています。

電文はまだつづいています。

「うばい取った名簿を使って、彼ら（ソ連当局《とうきょく》）は選挙《せんきょ》の三日前から団員《だんいん》のいっせい検挙《けんきょ》を始めました。

不当《ふとう》な逮捕《たいほ》は今でも続けられており、今まで連《つ》れ去られた者は、ウィルノ（注・ヴィリニュス）の街《まち》で千五百人、その他の街で二千人です。

その大部分はリトアニアに身をよせているポーランドの軍人《ぐんじん》であり、ソ連の政治に反対しているロシア人の将校《しょうこう》と、この国の中心的な政党である『国民党』と『社会党』の幹部《かんぶ》たち、『ブンド（注・リトアニア・ポーランド・ロシア・ユダヤ人労働者総同盟《そうどうめい》）』の人たちと『シオニスト』（注・パレスチナにユダヤ人の国を立てようとする民族運動をする人）のユダヤ人たちです。

前のリトアニア国首相《しゅしょう》のメルキス氏と、ウルブンス外務大臣は、家族とともに捕《と》らえられてモスクワに送られました。

ソ連軍による粛清《しゅくせい》に危険《きけん》を感じて、農村にかくれた者の数は、はっきりわかりません。

杉原さんから外務省へ	外務省から杉原さんへ
7月28日発信（50号） ・ソ連の秘密警察のうごきについて ・日本を通ってアメリカにわたることを希望するユダヤ人が，連日100名ほど領事館に来ている。	
8月7日（58号） ・旧チェコスロバキアのパスポートを持つ人にビザを出してもよいか。	**8月12日発信**（18号） ・パスポートが有効期限内であればよい。ただし，行き先国の入国許可が必要。
8月9日（59号） ・ベルグマン一行の滞在期間延長について問い合わせ。	**8月14日**（21号） ・ベルグマン一行の長期滞在についてはこちらで決定。 ・ビザ発給は，行き先国の入国許可証を持つ者だけに限るように。
	8月16日（22号） ・在カウナス領事館発給のビザを持つ人の中に，十分なお金を持っていない者がおり，アメリカへの入国手続きが解決せず，日本に上陸させてよいか，処置にこまっている。行き先国の入国手続きが終わっており，旅費や滞在費を持つ者にだけビザを出すように。
8月24日（66号） ・レオン・ポラクについて問い合わせ。日本でアメリカの入国許可証を受け取りたいと希望している。ビザを出してもよいか。	**8月26日**（23号） ・ポラクには，アメリカの入国許可証がおりてからビザを出すように。
9月1日（67号） ・たしかな紹介者がいる者に，ウラジオストックまで行かせ，そこから先で手続きするようにし，日本通過のビザを発給したという報告。 手続きをしていない者はウラジオストックで乗船を拒否してもよい。	**9月3日**（24号） ・船会社がビザを持つ者の乗船をことわるのは事実上不可能。 難民の後始末にこまっている。 22号のとおり，きびしく取り扱うように。

杉原さんと外務省とのあいだでやりとりされたビザについての電報

ドイツ領内《りょうない》に逃《に》げこんだ者は数百人となるでしょう。」

リトアニアにいたユダヤ人たちにとって、ナチス・ドイツだけでなく、ソ連も脅威《きょうい》となる状《じょう》況《きょう》が記されています。

このつぎに、ユダヤ人難民《なんみん》のことが出てきます。

「日本を通ってアメリカ合衆国《がっしゅうこく》にわたりたい、というユダヤ人たちが、連日《れんじつ》百名ほど領事館に来ています。この暗号文《あんごう》を、在《ざい》ドイツの日本大使館《たいしかん》と、在ソ連の日本大使館に転送《てんそう》しました。」

この電報は、ヨーロッパにある日本側《がわ》の中継点《ちゅうけいてん》を通って、あくる日の七月二十九日朝、日本に到着《とうちゃく》しました。（当時、ふつうの郵便物《ゆうびんぶつ》は、ヨーロッパから日本まで二週間かかりました。）この外交電信は暗号《あんごう》で組《く》まれていましたが、杉原さんと外務省とのやりとりはすべて、ソ連にもアメリカにも傍受《ぼうじゅ》され、暗号は解読《かいどく》されていました。戦後それらが公開され、杉原さんがどんな電報を送っていたかが明らかになりました。

この電報のあと八月二日に、外務省から、領事館を退去《たいきょ》するよう指示《しじ》がきました。翌《よく》八月三日には、リトアニアがソ連に併合《へいごう》されて、リトアニアのユダヤ人はいよいよ、ソ連による迫害《はくがい》と、ナチス・ドイツが攻《せ》めこんできた場合のナチスによる迫害の可能性《かのうせい》の板《いた》ばさみになりました。

つぎの通信文を見てください。

●一九四〇年　八月九日

カウナス発――本省　松岡外務大臣あて

第五九号

「今リトアニアに避難《ひなん》しているワルシャワ出身の工業家ベルグマン氏《し》他十五名の者が、南アメリカへの移住《いじゅう》を計画しています。当カウナス領事館では、①敦賀《つるが》に上陸すること、②日本滞在《たいざい》は十日以内に限ること、と明記《めいき》してビザを発給しました。

ベルグマン氏は（ビザの発給に感激《かんげき》して）『日本の会社に技術や資本《しほん》を提供《ていきょう》したい、そのために一か月間、滞在期間をのばしてほしい』と申し出ています。

当館の調査では、ベルグマン氏一行に、なんのあやしいところも見つかりませんでした。一か月の滞在許可《きょか》を出してもよろしいでしょうか。」

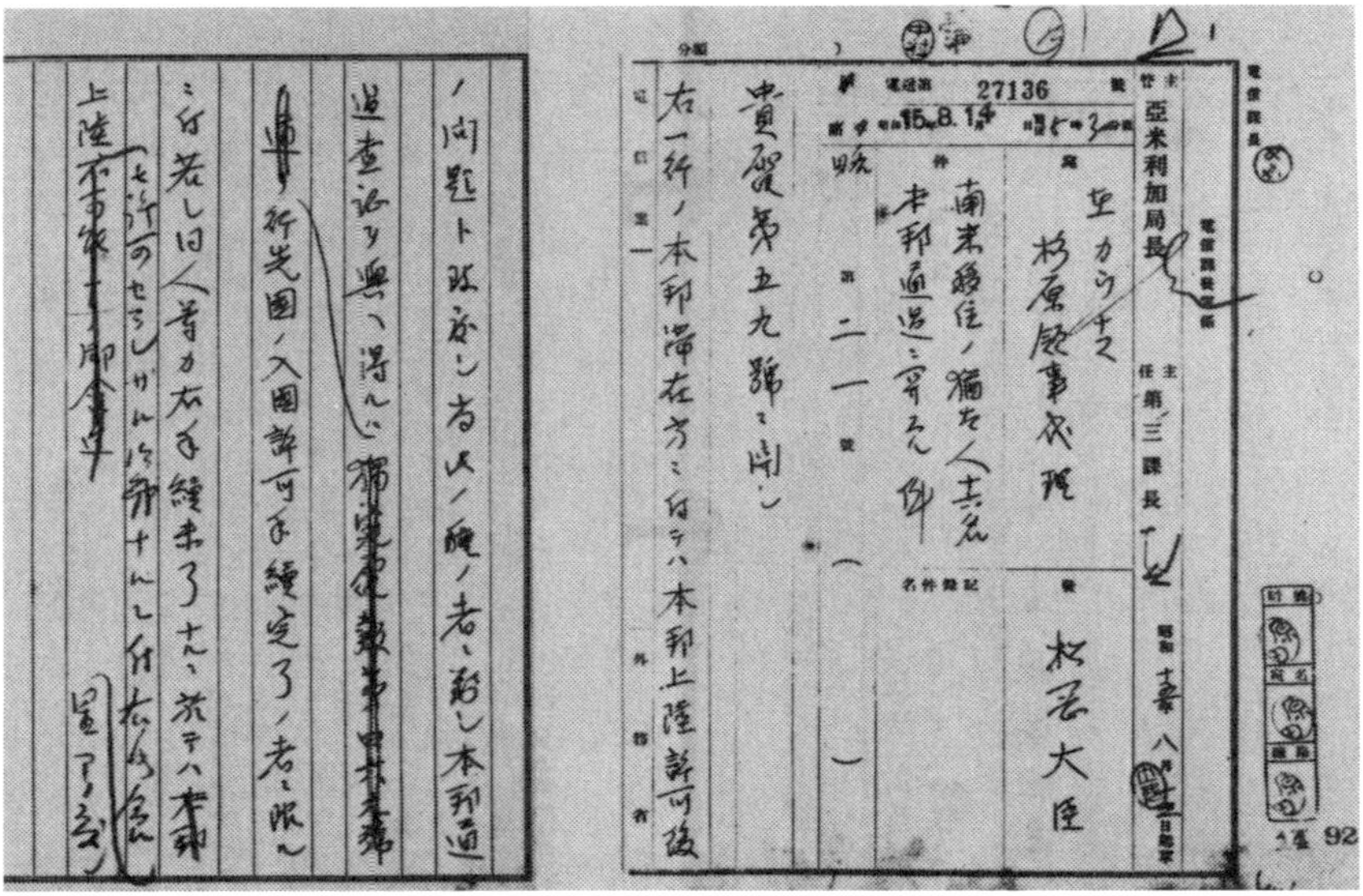

本省《ほんしょう》から杉原さんにあてた第21号電報の下書き

これに対する本省の返答はつぎのようでした。

なお、外務省から発信《はっしん》された外交文書は、暗号になおす前のペン書きの文章がのこっているだけです。文中「××」とバツになっているのは、原文そのものが落ちていたり、消えていたりなどして、読み取れないところです。

●一九四〇年八月十四日
本省　松岡外務大臣発——カウナス領事館　杉原領事殿《どの》
第二一号
「カウナス発第五九号に関して。
ベルグマン氏一行《いっこう》に長期滞在をさせるかどうかは、彼らが日本に上陸《じょうりく》してからこちらで決定します。
この種《しゅ》の難民に対してビザを発給するの

は、行き先国の、入国許可証を持っている者だけにしなさい。

入国許可証を保持《ほじ》しない者に対しては、外務省は上陸を許《ゆる》しません。×××」

さらに前の電報の二日後に、たたみかけるように次の電報がうたれています。

●一九四〇年　八月十六日

本省　松岡外務大臣発――カウナス領事館　杉原領事殿

第二二号

「難民のとり扱い方について。

最近、カウナス領事館が発給したビザを持つ人の中に、じゅうぶんなお金を持っていない者がいます。そのためアメリカ合衆国への入国手続《てつづ》きが解決《かいけつ》せず、彼らを日本に上陸《じょうりく》させてもよいか悪いか、処置《しょち》にこまっています。

このさい、難民と見なされる者に対しては、①行き先の国の入国手続きが終わっており、②旅費《りょひ》や滞在費などを持っている者にだけ、ビザを出しなさい（この部分の原文は『行先國ノ入國手続ヲ完了シ居リ……携帯金ヲ有スルニアラザレハ通過査證ヲ興ヘザル様取計アリタシ』です。『アラザレハ』のハは濁点《だくてん》がありませんが、昔ふうの書きかたで『ば』と読みます。)」

この電文は、二通りに読むことができるでしょう。

「資格のある者には日本通過ビザを出してもよい」と読めます。

しかし、別の見方をすれば「行き先国の入国手続きが終わった者にだけビザを出しなさい。」ということは、それができない人たちもおおぜいいるのですから、うらを返せば「もうこれ以上は、難民にビザを出すな」という意味にもとれます。

それにしても、「じゅうぶんなお金を持っていない」人が、「カウナス領事館が発給したビザを持」っていて「こまっている」、とはどういうことでしょうか?(それは後になってわかります。)

杉原さんは、ねばりづよく本省と交渉を続けました。

●一九四〇年　八月二十四日
カウナス発――本省　松岡外務大臣あて
第六六号

「リトアニアに避難《ひなん》してきたポーランド出身のユダヤ系《けい》工業家のレオン・ポラク氏（五十四歳《さい》）は、奥《おく》さんやお子さんとともに、アメリカ合衆国《がっしゅうこく》へ移住することを希望しています。

彼はニューヨークに住んでいるいとこをつうじて、入国手続きをすませました。一か月前に手続きをした奥さんとお子さんには、八月一日にアメリカの入国許可証がとどきました。本人のはまだとどいていません。（在リトアニア日本領事館は、奥さんとお子さんにだけビザを出しました。）

ポラク氏は『わたしにもまもなく、入国許可証がとどくでしょう』というのですが、リトアニアのアメリカ公使館は八月十七日に閉鎖《へいさ》されています。

そのため、彼の出国《しゅっこく》は日に日にむずかしくなっています。『妻子《さいし》とともに出発させてください。日本で入国許可証が受けとれるよう、とくべつに配慮《はいりょ》してください』と、彼は願《ねが》っています。

ポラク氏が用意した書類を調べたところ、彼は外国にじゅうぶんな財産《ざいさん》をもっており、一九二七年ころに、仕事でハルビン、大連《ターリエン》、天津《テンチン》などの、中国の諸都市《しょとし》を訪問《ほうもん》した記録《きろく》も残《のこ》っていました。

彼については不審《ふしん》な点がありませんが、ビザを出してもよいか、ご連絡《れんらく》ください。」

四日のちに外務省から返事がとどきました。

●一九四〇年　八月二十六日

本省　松岡外務大臣発――カウナス領事館　杉原領事殿

第二三号

「ユダヤ系ポーランド人レオン・ポラクの通過ビザに関する件。

ポラクに対しては、アメリカ側の入国許可証がおりてから、ビザを出しなさい。以上。」

これでは、まったく放《ほう》っておけというのと同じです。

つぎのやり取りは、もっと緊迫《きんぱく》しています。（つぎの通信文の原本《げんぽん》の日付は八月一日付《づけ》になっていますが、杉原さんがこのとき日時の感覚《かんかく》を失っていたのか、実際の日付は九月一日でした。）

●一九四〇年　八月一日（注・実際には九月一日）

カウナス発――本省　松岡外務大臣あて

第六七号

「貴電《きでん》の二二号（ユダヤ人の避難民《ひなんみん》に関する件《けん》）について、当地《とうち》の状況《じょうきょう》をご説明《せつめい》します。

カウナスの近くには、中南米諸国《ちゅうなんべいしょこく》の領事館や大使館がありません。ユダヤ人の避難民は、日本領事館も、おそかれはやかれ閉鎖《へいさ》されるだろうと見ぬいて、現在ただひとつ残《のこ》された通過国であるわが国のビザを要求する人びとがおります。

ソ連政府は、『アメリカ合衆国の方面に出国を希望《きぼう》するユダヤ人で、日本領事館発給のビザを持たない者は、絶対に国外に出さない』と宣言《せんげん》しています。」

このつづきの文面《ぶんめん》を見て、ぼくははっとしました。

「彼らのあり様《さま》は同情《どうじょう》にあたいします。わたし（杉原）はたしかな紹介者《しょうかいしゃ》がいる者に限《かぎ》って、

①ウラジオストックまで行かせ

②アメリカ合衆国の上陸許可証を（ウラジオストックで）とらせ

③日本からアメリカまでの切符《きっぷ》やお金を持っているかどうか確認し

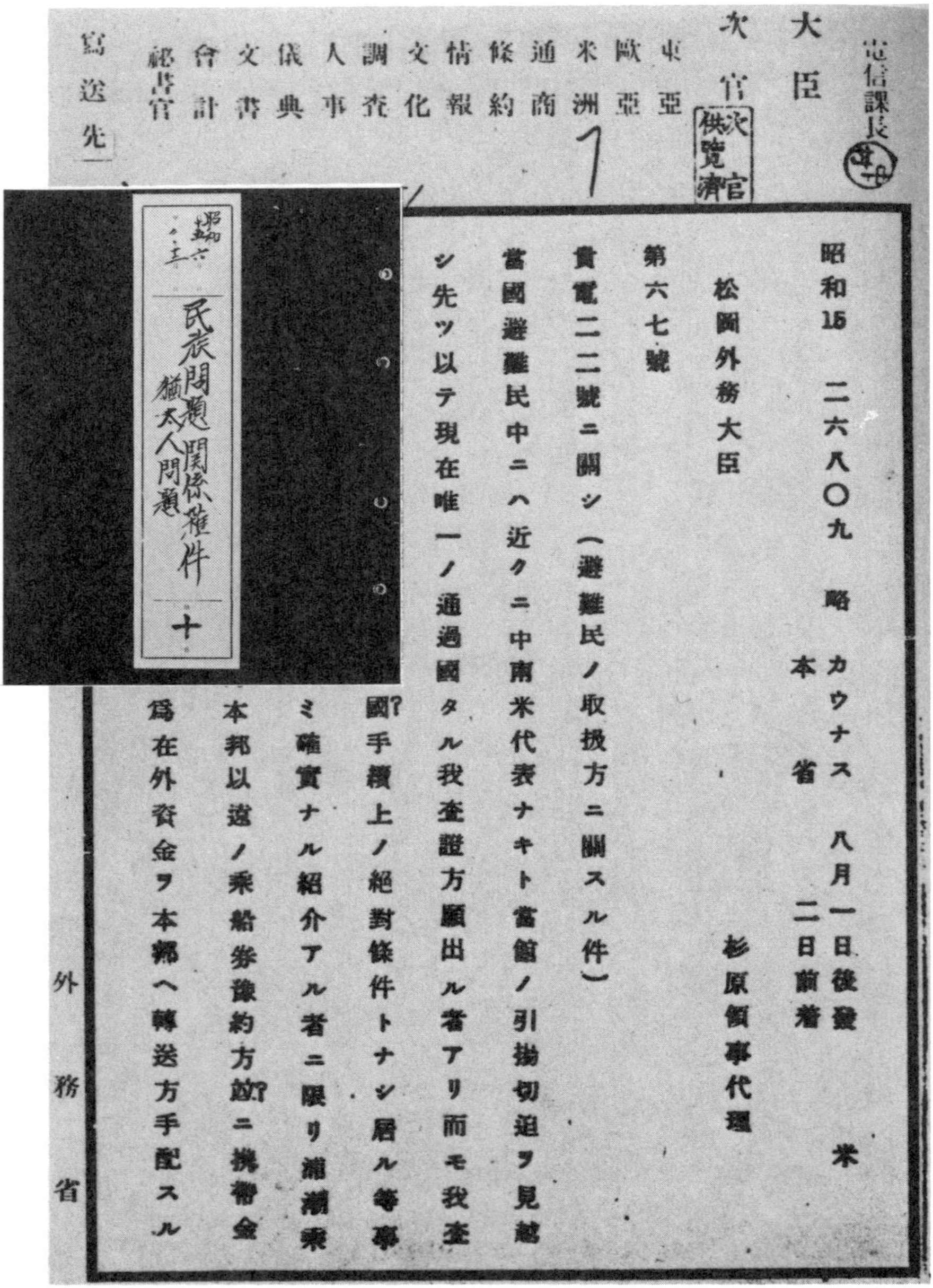

杉原さんから本庁にあてた第67号通信文（左上は通信文がとじてある表紙）

④手持ちのお金のない者は敦賀《つるが》でお金を受けとるようにし
⑤日本を通過できるようビザを発給いたしました
①から⑤までの手続きをしていない者には、ウラジオストックで日本行きの船に乗せない、といって下さっても結構《けっこう》です。」

杉原さんが、ユダヤ人にビザを出したという報告《ほうこく》です。

外務省は、なにか異常《いじょう》なことがカウナスで起《お》こっていると気づきました。しかし、バルト三国の他の領事館はすでに退去《たいきょ》していたため、杉原さんのようすがたしかめられず、やきもきしながら、杉原さんに警告《けいこく》しました。

●一九四〇年　九月三日
本省　松岡外務大臣発——カウナス領事館　杉原領事殿
第二四号
「ユダヤ難民のとり扱いに関する件。カウナス領事館発、第六七号の電報について（下段は原文です。）

（難民を輸送《ゆそう》する）船会社が、帝国の領事が発給したビザを持つ者の乗船をウラジオストックで、ソビエトの役人の命令に反してことわることは、事実上不可能《じじつじょうふかのう》です。

船会社カ帝國領事ノ通過査證《つうかさしょう》ヲ有スル者ノ乗船ヲ浦塩《ウラジオ》ニ於《おい》テ蘇官《ソかん》憲《けん》ノ命令ニ反シテ拒絶《きょぜつ》スルコトハ事実上不可能ナルノミナラズ

ソ連の東のはし、日本海に面したウラジオストック（原文の「浦塩《ウラジオ》」）の港は、シベリア鉄道の終点《しゅうてん》です。

難民たちはここから船で日本の福井《ふくい》県の港・敦賀《つるが》まで行きます。その船会社の日本郵船《ゆうせん》は、船賃《ふなちん》の前ばらいをもとめました。というのは、日本の領事が発給したビザを持っている者の乗船をことわるわけにはいかないのですが、船賃をもっているかどうか心配《しんぱい》だったのです。「帝国」とあるのは、日本のことです（そのころの日本は大日本帝国といっていました）。

電文はつづきます。

（乗船を）ことわったりすれば、なんのためのビザかということになり、日本のビザの信用がなくなってしまいます。

右ハ我方査證ノ信用ヲ害スルモノナリ

いっぽうソ連のほうは、用のないユダヤ人たちをはやく船に乗せてしまおうと、あせっていました。ソ連の役人は「ビザがあるのだからはやく乗せろ」といい、船会社のほうは「難民を乗せるのは、お金をもらってからだ」と主張《しゅちょう》しました。

このあらそいを解決するために、アメリカのユダヤ人協会がいそいで三万五千ドルを用意しました。だが、日本政府は、杉原さんにつぎのように伝えました。電文のつづきです。

われわれは難民のあとしまつに困《こま》っています。これからは××・二二号の指示のとおり、彼らをきびしくとりあつかいなさい。

現ニ貴電ノ如《ごと》キ取扱《とりあつかい》ヲ為《な》シタル避難民ノ後始末ニ窮《きゅう》シ居ル実状ナルニ付、以後ハ××第二二号ノ通厳重《げんじゅう》御取扱アリタシ

この本省第二四号の電文は、外務省の最後通告《つうこく》でした。

けれども、じつは、杉原さんは、七月九日から九月一日までに、出せる限りのビザをすでに発給していました。ベルグマン氏やポラク氏の件を小出《こだ》しに問い合わせながら、そのうらで、たがが外《はず》れたように、ユダヤ人に大量のビザを出していたのです。

59ページにある八月一六日の外務省からの電報で、「カウナス領事館が発給したビザを持つユダヤ人の中に、じゅうぶんなお金をもっていない者がいる」、とありましたね。それはこういうことだったのです。

ビザをもらってソ連を通過してきた難民たちが、ウラジオストックに続《ぞく》ぞくと到着《とうちゃく》しはじめたので、外務省も、杉原さんが決まりにそむいて、条件を満たしていない人たちにまで、ビザを発給していることに気がついたのでしょう。

七月の、ユダヤ人の代表者たちと話し合ったあの日から、杉原さんは、すでに行動を開始していました。まず、領事館の近くにあるソ連政府の出先機関に問いあわせました。

「日本の領事館が、ユダヤ人難民に日本通過ビザを発給したばあい、あなたの国の政府は、彼らにあなたの国の中を通らせますか。」

回答がきました。

「よろしい。ソ連政府は、リトアニアの日本領事館発給のビザを最大限に尊重《そんちょう》する。」

じつはソ連政府の中に、ユダヤ人難民にソ連を通過させれば、彼らや彼らを支援《しえん》する外国のユダヤ人団体がしはらう旅行代金で、ソ連はお金をかせぐことができると考えた人がいたのです。この考えは、四月ごろにはすでに政府の中で調整がすすめられていました。

七月二五日に、難民のソ連通過を許可すべきという電報がソ連の中央政府に送られ、その四日後には、中央政府からの許可が、最高権力者であるスターリンの署名《しょめい》付きで出されました。

この知らせが、杉原さんへの返事になったのでしょう。杉原さんのビザの発給枚数《まいすう》は、七月九日から二八日までは一日あたり〇枚~四一枚でしたが、七月二九日に一二〇枚と、とつぜん増《ふ》えています。

さらに、こんなことがありました。

領事館にやってきたユダヤ人の中には、「キュラソー」への「入国」を許可する書類を持っている人たちがいました。

キュラソーは、南アメリカのベネズエラの北の海岸から、約六五キロメートルはなれた海上にある島です。日本の種子島《たねがしま》とおおよそ同じ大きさです。海はカリブ海。オランダ領《りょう》アンティルの中にふくまれています。

オランダ領であること。それが、入国先がキュラソーであることの理由なのです。

ユダヤ人難民たちがカウナスにやってきたとき、ヨーロッパの外交官たちの中で、オランダのヤン・ツバルテンディク名誉《めいよ》領事が、彼らに同情しました。

杉原さんが外務省との八月~九月の電報のやりとりで苦労していたように、行き先国に入国できる許可証をもっていない人には、本来、日本通過ビザを出してはいけない決まりがありました。しかし、多くの国の大使館や領事館が、入国ビザを発給してくれなかったり、撤退《てったい》していったりしていました。

そのようななか、ツバルテンディク領事は、最終目的地はさておくとして、まずはリトアニアを出て旅ができるよう、とりあえずの行き先としてキュラソーへの入国を許可する書類を出しました。

ツバルテンディクは、キュラソーに渡《わた》るにはビザが必要がないことを利用して、「キュラソーへ渡るのに入国ビザは必要ない」と書かれた「入国許可証」を出しました。もっともオランダ本国は一九四〇年五月にナチス・ドイツに占領されていましたし、キュラソー島への上陸には現地の総督《そうとく》の許可が必要だったので、この「許可証」に正式な効力《こうりょく》があるかどうかはあやしいものでしたが、とにかく「行き先国」への入国許可を領事が記した書類を出してくれたのです。

オランダという国は、ヨーロッパの中で珍《めず》しくユダヤ人に対して、偏見《へんけん》の少ない国でした。オランダがナチス・ドイツに占領されてからも、オランダ人たちは、ユダヤ人たちがナチスの手にとらわれないように、かくまったり、脱出《だっしゅつ》の手つだいをしたりしました。『アンネの日記』で知られるアンネ・フランクの一家も、ドイツからオランダに逃《に》げてきていました。

そのようなオランダの領事だからこそ、ユダヤ人難民のために、ぎりぎりの逃げ道としてキュラソーを用意してあげたのかもしれません。そしてこの「キュラソー・ビザ」(とのちによばれるようになりました)をもらったユダヤ人たちは、日本の領事館を、通過ビザをもらえる〝命《いのち》の綱《つな》〟とたのんでやってきたのです。いわば、杉原さんはツバルテンディク領事から、ユダヤ人たちの命をバトンタッチされたのでした。

ビザを発給してよいか問い合わせた三度の電報に対して、外務省から三度めの「ビザを出すな」という指示が届いたとき、杉原さんは迷《まよ》いました。

外務省からの命令に従《したが》うか、良心《りょうしん》に従うか――二つに一つの選択です。自分は日本政府の役人です。政府の方針《ほうしん》にそむくわけにはいきません。

幸子さんはいいました。

「主人はユダヤ人を助けたいのです。でも、規則《きそく》や外務省の指示にそむけば、外務省のきげんが悪《わる》くなるのは目に見えていました。そのために主人は仕事を失《うしな》うかもしれません。そうしたら、わたしや子どもたちをどうやって食べさせていけばよいのだろう。主人は、そう心配《しんぱい》していました。

ソ連からの圧力に負けて、ホテルに逃げこんだほかの国の領事たちのように、主人も領事館を閉ざしてしまうことだってできたのです。」

その迷《まよ》いをのりこえさせたのは、杉原さんの自分の仕事に対する信念《しんねん》でした。

〈外交官の仕事は、平和のためにつくすことだ。危機のさなかにある人たちを助けることは、人間としてまちがったことではないはずだ。そして、それはきっと日本のためにもなる。〉

「とうとう主人は『わたしは領事の権限《けんげん》を発動《はつどう》して、日本を通過《つうか》するビザを出そうと思う。わたしがビザを出さなければ、彼らには行くところがない。それは明らかなことだ』といいました。わたしは、この人は、もうあとには引かないのだと思いました。」

4 旅立《たびだ》ち

このころの緊迫《きんぱく》した状況《じょうきょう》を、幸子《ゆきこ》さんはこのように話してくれました。

「わたしは生まれて二か月の赤んぼをかかえていましたが、そんな領事館《りょうじかん》のなかの状態《じょうたい》や緊《きん》張《ちょう》のせいで、母乳《ぼにゅう》が出なくなってしまいました。それに領事館のミルクもなくなりました。外に買いに出ることもできません。外は外で大変だったのです。食料のたくわえも切れたとき、餓死《がし》するんじゃないかって、本気で心配《しんぱい》しました。

餓死するといっても、けっして大《おお》げさないいかたではないと思います。じっさい、リトアニアでは、いちどにどっとたくさんのユダヤ人難民《なんみん》がなだれこんできたため、パンのねだんが三ばいも高くなりましたし、パンのとりあいで暴動《ぼうどう》までおきていました。死傷者《ししょうしゃ》も出ました。」

幸子さんは、子どもたちや妹さんと領事館をはなれ、ホテルに一時的に避難《ひなん》しました。

ビザの発給《はっきゅう》を決断《けつだん》した杉原さんは、猛然《もうぜん》とビザを出しはじめました。

ふつう朝の九時から午後五時まで開いていた領事館を、朝八時から夜まで開けて、ビザを発給しました。

はじめのうちは手書《てが》きで書いていましたが、とちゅうで、きまりきった文章の部分はスタンプをつくってしまいました。スタンプのおかげで、発給作業《さぎょう》がはかどりました。

そのころは、もうソ連軍《れんぐん》がリトアニアの国内に入ってきていました。ソ連側《がわ》は、領事館から出ていってくれと、二、三回いいにきました。

じつは、その前に、八月二日に日本の外務省から「領事館退去命令《たいきょめいれい》」がきて、カウナスを引きはらうように命じられていました。

でも、杉原さんは、領事館を閉《と》じませんでした。よその国ぐにの領事館は、つぎつぎに国外へ退去していきます。そんな中で、日本の領事館だけが、異様《いよう》な活況《かっきょう》を見せていました。

八月二九日には、外務省から、チェコのプラハで総《そう》領事代理となるようにとの任命《にんめい》が届《とど》きました。杉原さんは、九月のはじめまでビザを出しつづけました。引越《ひっこ》しの荷物《にもつ》を横目《よこめ》で見ながら、ひたすらビザを書きつづけました。

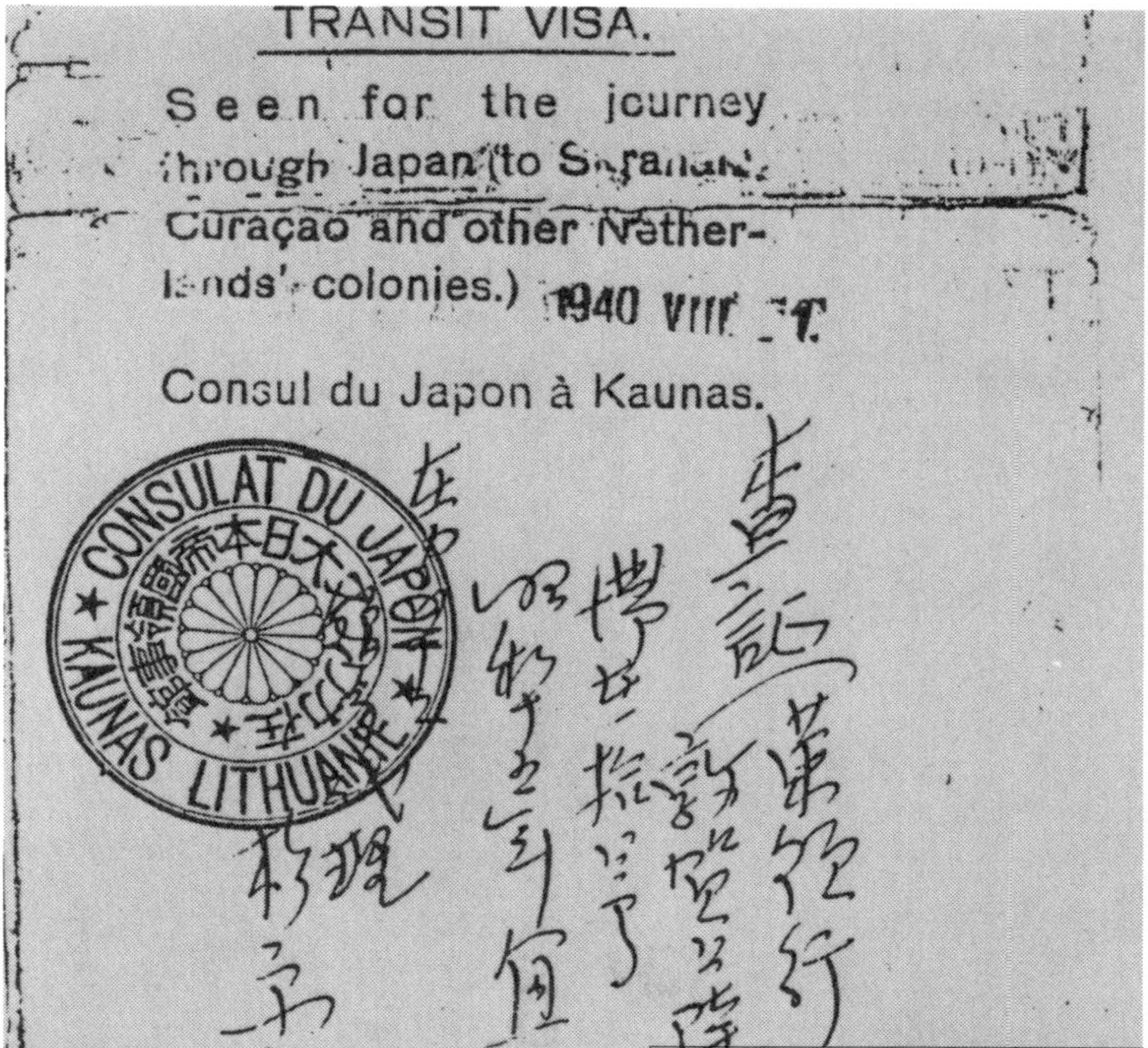

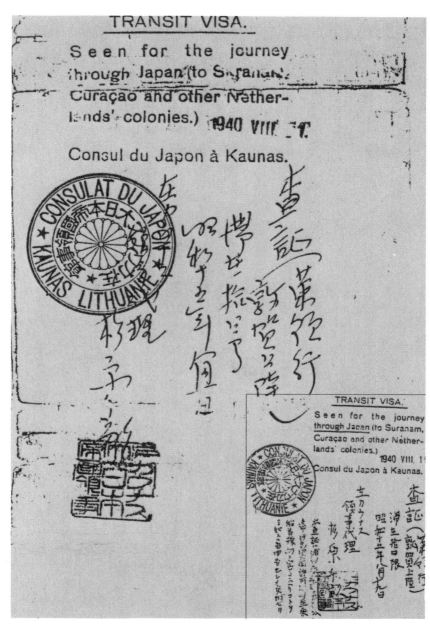

杉原さんが発給したビザ（左は原寸大，右下は1/2の大きさ）

でもとうとう外務省から『カウナスの領事館を閉鎖《へいさ》し、ただちにベルリンへ行け』という至《し》急電報《きゅうでんぽう》がとどきました。

ソ連軍が国境《こっきょう》を閉《と》ざしてしまえば、他国の領土《りょうど》にとりのこされてしまいます。外務省の『ただちにベルリンへ行け』という命令には有無《うむ》をいわせない強さがありました。

「『部屋《へや》のカギをかけなさい。荷物《にもつ》を一か所《しょ》に集め、身のまわり品をカバンにつめるように──。』

主人《しゅじん》は、領事館員とわたしにそう指示《しじ》すると、事務室《じむしつ》にはいり、中からカギをかけました。

わたしは大いそぎで引きあげの準備《じゅんび》にかかりました。おもいものや、たいせつでないものや、荷づくりがまにあわなかったものは残《のこ》していくしかありません。

はっとしました。事務室の中から、なにかもののこげるにおいがしたのです。ソ連軍が来るときのことを考えて、主人は機密書類《きみつしょるい》に火をつけたのでした。青い煙《けむり》が、こちらの部屋にも流れてきました。」

杉原さんも、ホテルに移りました。杉原さんは領事館を閉めるとき、『領事館を閉める旨《むね》』と『宿泊《しゅくはく》する予定のホテルの名前』とをはりだしておきました。ユダヤ人難民たちはホテルまで、杉原さんを追《お》いかけてきました。

杉原さんは、すぐ荷物をといて、「渡航《とこう》証明書」の発行《はっこう》を始めました。正式《せいしき》なビザをつくるための領事館のスタンプなどは、もう次の行き先に送ってしまっていたので、ビザにかわる書《しょ》類《るい》をなんとか出そうとしたのです。

「外務省からは『リトアニアはソ連領《りょう》になった。独立国ではなくなったから、すぐ引きあげろ』と、せきたてる電報がきました。外務省は、主人のやることをやきもきして見ていたのでしょうね。

ホテルを引きはらったわたしたちは、カウナス駅《えき》へいそぎました。ここから国際列車《れっしゃ》が出発します。

駅は、赤軍《せきぐん》――ソ連軍のことです――の兵士《へいし》や難民たちや旅行者で、ごったがえしていました。兵士のまわりには、商人がむらがって品物を売りさばいています。

主人は、汽車《きしゃ》が出るまぎわまで「渡航証明書」を書きつづけました。発車《はっしゃ》のベルが鳴《な》りました。主人はまだ書類をつくりつづけました。不安定《ふあんてい》な姿勢《しせい》で書いているため、腰《こし》と背中《せなか》がとてもきつそうでした。

主人は、一枚《まい》、もう一枚と、とりすがるような難民の人たちに渡航許可証を手わたしました。発車《はっしゃ》の時刻《じこく》となり、汽笛《きてき》が鳴《な》りました。

『わたしにはもう書けない。ゆるしてください……。わたしは祖国《そこく》の命令で新しい任地《にんち》へ行かなくてはなりません。みなさん、どうかご無事《ぶじ》で。』

主人はそういって、みんなに深《ふか》ぶかと頭をさげてあいさつをしました。

ぼうぜんとして立ちつくすユダヤ人のたくさんの顔が、わたしの目に焼《や》きついています。わたしは、あの人たちの目、あの表情《ひょうじょう》をわすれることができません。

だれかの声がきこえました。

『わたしたちは、もう一度あなたにお会いしますよー。いいですかー。約束《やくそく》しましたよー。』って……。

駅を出ると、汽車から見えるのは松林《まつばやし》だけでした。

わたしは主人にいいました。

『すこしお休みになったら。あなたはあんなにも働いたのですもの。』

上の子が、いいたくてがまんしていたのでしょう。

『お父ちゃま、こんどはどこに行くの。』

とたずねました。

返事《へんじ》がありません。

主人はぐっすりねむりこんでいました。」

ところで、日本や、他の国の政府は、ナチス・ドイツのユダヤ人に対する政策《せいさく》や、ユダヤ人の境遇《きょうぐう》について、どのくらい知っていたのでしょうか。

カウナスの日本領事館にユダヤ人がおしよせる約二年前、一九三八年九月三十日に、オーストリアの山路《やまじ》章《あきら》総領事《そうりょうじ》が、日本の近衛文磨《このえふみまろ》外務大臣《がいむだいじん》（総理大臣《そうりだいじん》と兼任《けんにん》）にあてて打った電報があります。

「当領事館（原文ママ）でのユダヤ人排斥《はいせき》の結果、この国の、ドイツ国籍《こくせき》のユダヤ人が多数、諸外国にむけて移住《いじゅう》しつつあります。

当領事館にも、日本に入らせてほしい、あるいは、他の国に移住したいので『しばらく日本に滞在《たいざい》するために、ビザを出してください』ともとめてくる者がいます。」

オーストリアはドイツのとなりの国ですが、この年、一九三八年の三月にナチス・ドイツに併合《へいごう》させられています。だからユダヤ人迫害《はくがい》の嵐《あらし》はたちまちおしよせてきたのでした。

「しかしわたしたちは、戦争中の日本に入ったり、日本にとどまったりすることは、大変

むずかしいと教えてやりました。日本とドイツは、おたがいにビザを出さないことにきめている、と説明しています。（中略）

わたしたちがビザを出さないというと、これらのユダヤ人たちは『日本の領事館が出すなんらかの証明書《しょうめいしょ》を見せなければ、とちゅう通らなければならない国も、わたしたちにビザをくれないのです』と、泣《な》いてわたしたちにたのむのです。

さいきんは、各国ともユダヤ人が入国するのを禁止《きんし》したり、入国制限をしたりしたので、当領事館に『証明書を出してください』といってくる者が急激《きゅうげき》にふえています。

この数日、来館者が一日に平均《へいきん》五十人以上となったので、業務《ぎょうむ》の取りあつかいを中止しました。

これらユダヤ人の入国は、日本にとっても相当《そうとう》重大な問題であると思われます。彼らのとりあつかい、旅費《りょひ》の支払《しはら》いなどの点について、大至急《だいしきゅう》ご指示《しじ》をください。」

この文中にある「戦争中の日本」（原文は「事変《じへん》ノ日本」）の戦争というのは、一九三一年からつづいている日本と中国の戦争のことです。

山路総領事は、いわばナチスのおひざもとにいたためもあるでしょうが、ユダヤ人に対してビザを出す業務をやめてしまったわけです。

山路総領事は、さらに文章を追加してこういっています。

「彼らが出発してから、ナチスに反対《はんたい》するようなことをいった場合、彼らは日本での滞在期間の延長《えんちょう》を拒否《きょひ》されるでしょう。ですから、彼らは将来《しょうらい》、国籍を失う可能性も多分にもっています。」

（原文＝「出発後排獨的言辞《はいどくげんじ》アル場合ハ右延長ハ拒否《きょひ》サレ得《う》ヘク、従《したが》ツテ、将来無國籍人《むこくせき》トナル可能性多分《かのうせいたぶん》ニ存《そん》ス」）

同じ年の十月三十一日、ナチス・ドイツがポーランドにせめこむ一年前、ポーランドの首都《しゅと》ワルソー（ワルシャワ）の日本大使館《たいしかん》から、杉原さんもよく知っていた酒匂秀一大使《さこうしゅういちたいし》が、外務省にうった電報があります。外務省外交史料館《しりょうかん》の資料を見ると、この電報は、外務大臣、外務次官《じかん》、情報局長《きょくちょう》だけが目をとおしたことがわかります。

「ドイツは、国内のユダヤ人一万二千人を国外に追放《ついほう》することに決定しました。そのうち八千人は、ポーランド領内に強制送還《きょうせいそうかん》され、四千人が国境付近で抑留《よくりゅう》されています。

ナチス・ドイツとポーランドは、一時緊迫《いちじきんぱく》した状勢《じょうせい》になりましたが、近く両国《りょうこく》は会議《かいぎ》を開いて、ユダヤ人の問題を話しあうようすです。とりあえず、ナチス・ドイツはユダヤ人の追放を中止しました。この電報は、ドイツの日本大使館に転送《てんそう》しました。」

酒匂大使がいっているように、ナチスは一九三八年十月の末に、一万人をこすユダヤ人をドイツから追放しました。そして、十一月九日の夜から十日の未明《みめい》にかけて、ユダヤ人を襲撃《しゅうげき》する暴動《ぼうどう》をおこしました。ほとんどのユダヤ人商店が略奪《りゃくだつ》され、ユダヤ教の会堂《かいどう》（シナゴーグ）が焼《や》かれ、二万人以上のユダヤ人が不法《ふほう》に逮捕《たいほ》され、収容所《しゅうようじょ》へ送られました。その夜は、警察《けいさつ》も消防《しょうぼう》も、ナチスによって出動《しゅつどう》を止められました。割《わ》られたガラスが夜の路面《ろめん》に光ったので、その夜は「水晶《すいしょう》の夜（クリスタルナハト）」とよばれています。

その日以降《いこう》、国外に逃《に》げようとするユダヤ人たちは、ビザをもらうためにベルリンの各国領事館に長い列をつくって待《ま》ちました。でも、さきのオーストリアの

「ユダヤ人の店で買うな」「買うならドイツ人の店で」とおどすポスター

山路総領事がいっているように、「各国ともユダヤ人が入国するのを禁止《きんし》したり、入国制限《せいげん》をしたり」していました。ユダヤ人にビザを出す国はほとんどなかったのです。ユダヤ人の状態は絶望的《ぜつぼうてき》でした。

ヨーロッパ国籍の外交官は、ナチスのやりかたをよく知っていました。

たとえば、一九四二年八月十日の時点《じてん》で、中立国《ちゅうりつこく》スイスの首都ベルンのイギリス領事館からイギリスの外務省に、つぎのような電報がうたれています。

「(ドイツの総司令部《そうしれいぶ》は)ドイツの支配下《しはいか》、またはドイツの管理下《かんりか》にある国ぐにに住んでいるユダヤ人のすべて——三五〇〇万人から四〇〇〇万人のユダヤ人を国外に追放したのち、東方の強制収容所に入れ、ヨーロッパにすんでいるすべてのユダヤ人の問題をいっきょに解決《かいけつ》するために、彼らを皆殺《みなごろ》しにする計画が論議《ろんぎ》され、熟考《じゅっこう》されている旨《むね》を警告《けいこく》されました。

行動は、この秋の予定。殺人の方法は青酸《せいさん》(prussic acid)の使用をふくめて検討《けんとう》中です(中略)。この情報は、ドイツ軍の高官《こうかん》から得《え》たもので、彼《かれ》の報告《ほうこく》は、おおむね信用できます。この話をニューヨーク(アメリカ合衆国《がっしゅうこく》)に伝えてください。」

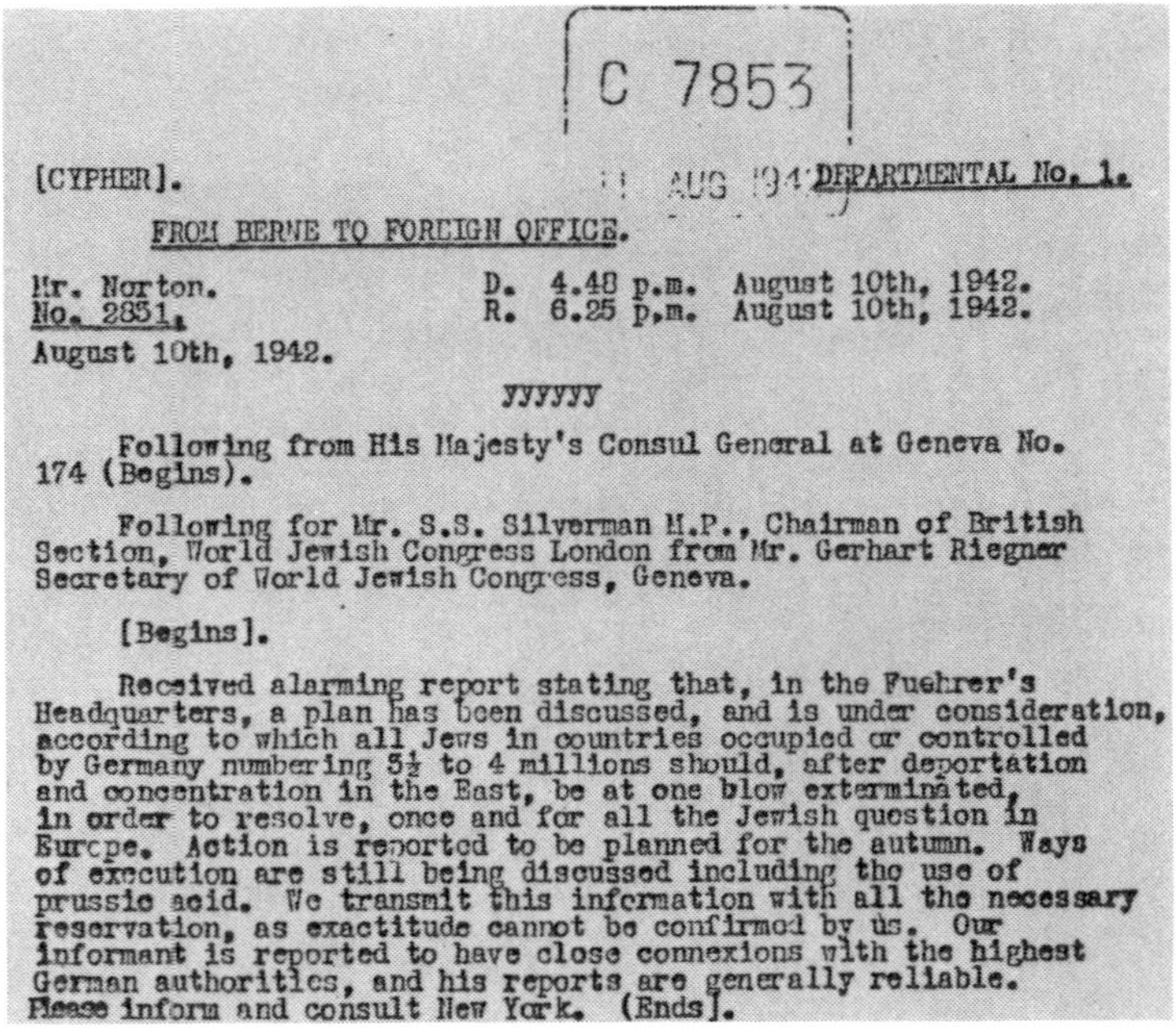
C 7853

[CYPHER]. AUG 1942 DEPARTMENTAL No. 1.

FROM BERNE TO FOREIGN OFFICE.

Mr. Norton. D. 4.48 p.m. August 10th, 1942.
No. 2851. R. 6.25 p.m. August 10th, 1942.

August 10th, 1942.

yyyyyy

Following from His Majesty's Consul General at Geneva No. 174 (Begins).

Following for Mr. S.S. Silverman M.P., Chairman of British Section, World Jewish Congress London from Mr. Gerhart Riegner Secretary of World Jewish Congress, Geneva.

[Begins].

Received alarming report stating that, in the Fuehrer's Headquarters, a plan has been discussed, and is under consideration, according to which all Jews in countries occupied or controlled by Germany numbering 3½ to 4 millions should, after deportation and concentration in the East, be at one blow exterminated, in order to resolve, once and for all the Jewish question in Europe. Action is reported to be planned for the autumn. Ways of execution are still being discussed including the use of prussic acid. We transmit this information with all the necessary reservation, as exactitude cannot be confirmed by us. Our informant is reported to have close connexions with the highest German authorities, and his reports are generally reliable. Please inform and consult New York. (Ends).

スイスのイギリス領事館《りょうじかん》が本国にうった電報

この電報からおしはかると、ヨーロッパの国ぐにやイギリスやアメリカの外交官たちは、ナチスがユダヤ人にしようとしていることについて、情報を手に入れることができたわけです。それなのに、どうして各国の領事館は、ユダヤ人を見すてるようなことをしたのでしょうか。

ナチス・ドイツの力をおそれたためもあるでしょう。各国の事情《じじょう》もあったでしょう。自分や家族の身を危険《きけん》にさらしてまで、他の人をたすけることはできなかったのかもしれません。でも、それだけでしょうか。

あるユダヤ人は、その理由としてキリスト教徒《きょうと》が「ユダヤ人をきらったから」だといいま

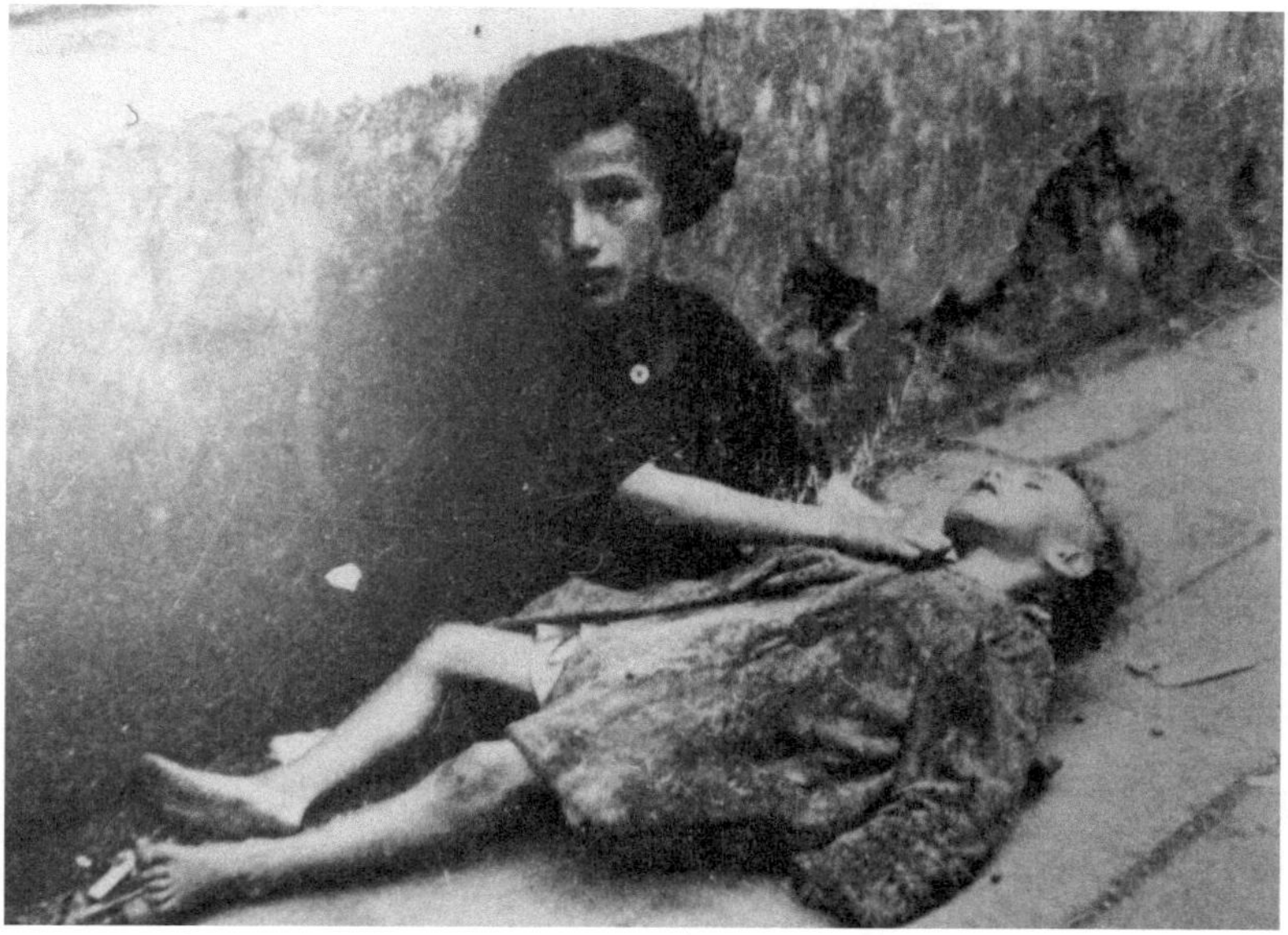

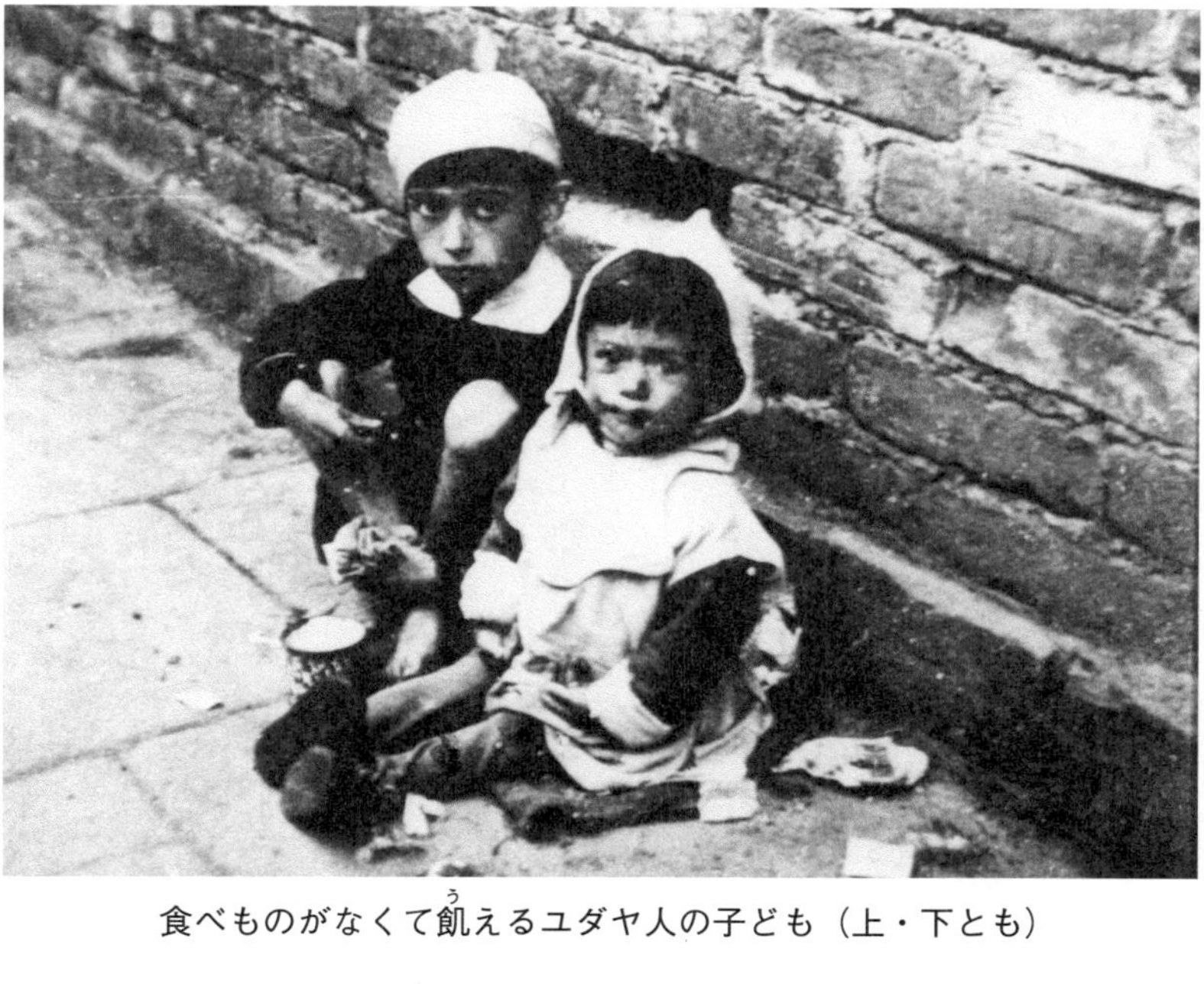

食べものがなくて飢《う》えるユダヤ人の子ども（上・下とも）

した。ユダヤ人はヨーロッパでは、〝異教徒《いきょうと》〟なのです。

昔《むかし》からキリスト教徒たちは、自分たちが信じている神の子イエス・キリストは、ユダヤ人によって十字架《じゅうじか》にかけられて殺されたと考え、あたまからユダヤ人を悪いやつだときめつけてきました。この考えは、長い間のうちに、多くのキリスト教徒たちに根づよい偏見《へんけん》となって伝わっていきました。その気持ちが、ユダヤ教という宗教《しゅうきょう》の、どくとくの風習《ふうしゅう》に対する誤解《ごかい》とかさなって、ユダヤ人に対する反感《はんかん》を強めたといえるでしょう。

ヒトラーとナチスは、そんなキリスト教徒のユダヤ人ぎらいの気持ちや、長いあいだヨーロッパの社会で差別《さべつ》されてきたユダヤ人の弱《よわ》い立場《たちば》につけこんだのだという人もいます。なるほどそのようなユダヤ人に対する偏見がなかったら、キリスト教徒たちもナチスのユダヤ人殺しを、だまって見のがしはしなかったかもしれません。

もっとも、キリスト教徒と十把《じっぱ》ひとからげに書きましたが、この書きかたは誤解をまねきそうです。なぜなら、アウシュヴィッツ強制収容所でポーランド人の身がわりになって死んだコルベ神父《しんぷ》はキリスト教徒ですし、アンネ・フランクの一家を支援《しえん》した人たちも、ほとんどがキリスト教徒でした。杉原さん夫妻《ふさい》も、キリスト教の洗礼《せんれい》を受けていました。

杉原さんからビザをもらったユダヤ人たちは、二百人、三百人とまとまってリトアニアを出ていきました。そして、モスクワからシベリア鉄道にのりました。

当時の記録を調べると、ユダヤ人たちは持ちものを金《きん》に変え、くつの中にかくしたとあります。少しずつ、くつの中にかくした金《きん》を売っては食べ物を買い、彼らは長い旅をつづけました。汽車《きしゃ》はモスクワからオムスクへ行き、イルクーツク、ハバロフスクと通って、終点《しゅうてん》のウラジオストックへ到着《とうちゃく》しました。

ウラジオストックと日本の敦賀《つるが》とのあいだは、日本海汽船《きせん》の「はるぴん丸《まる》」や、日本郵船《ゆうせん》の「天草丸《あまくさまる》」が、ユダヤ人たちを運びました。

ユダヤ人難民《なんみん》をはこんだ「はるぴん丸」

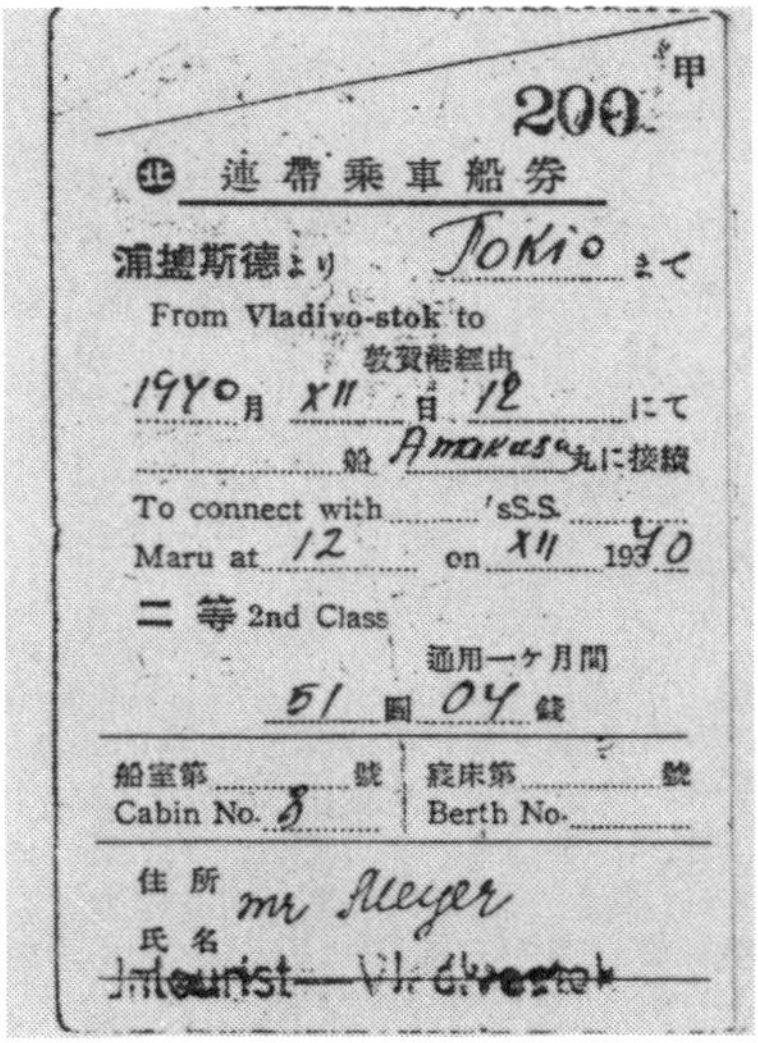
甲
200
北 連帯乗車船券
浦塩斯徳より TOKIO まで
From Vladivo-stok to
敦賀港経由
1940 月 XII 日 12 にて
船 Amakusa 丸に接続
To connect with 'sS.S.
Maru at 12 on XII 1940
二等 2nd Class
通用一ケ月間
51 圓 04 銭
船室第 號 Cabin No. 8
寝床第 號 Berth No.
住所 氏名 mr Meyer
~~Intourist Vladivostok~~

ウラジオストックから東京までの乗船・乗車両用のきっぷ

船は毎月九日・十九日・二十九日と九のつく日に、つまり十日ごとに敦賀港に入港しました。航海は二泊三日でした。毎回、二百人、三百人とユダヤ人たちが日本に上陸していきました。

杉原さんがビザを発給したのは一九四〇年の夏です。ユダヤ人たちは、その年の秋からあくる年にかけて日本にやってきました。

ぼくは、ふだん見かけないユダヤ人たちが、どっと日本にやってきたのだから、そのころ日本人たちの間でいろいろ話題《わだい》になったにちがいないと思いました。

そこで、当時の日本の新聞を調べ、ユダヤ人に関する記事が出ていないかとさがしました。ありました。

一九四一年一月十六日の「朝日新聞」に、つぎのような記事が見つかったのです。

「ユダヤ集団移民《いみん》――横浜《よこはま》電話

民族移動ともいうべき集団難民三千名が、横浜へおしよせる。

これらの避難民は、ポーランドをはじめ、エストニア、リスアニア（注・リトアニアのこと）、ラトビア、さては、ノルウェーに住んでいたユダヤ人で、モスコー（モスクワ）政府（注・ソ連のこと）の保護《ほご》と、アメリカの入国承認《しょうにん》を得て北米《ほくべい》へ移住するもの。

日本入国までは、モスコーのイン・ツーリスト旅行協会が斡旋《あっせん》し、横浜から、ロサンゼルスまでは、郵船が一手《いって》に引きうける。

来月から六か月間、毎月五百人ずつ横浜へやって来る。運賃《うんちん》は一人百五十ドル平均《へいきん》で、四十五万ドル。支払《しはら》いは、全部ロサンゼルスのユダヤ人救済会《きゅうさいかい》が保証《ほしょう》している。

戦争で観光客《かんこうきゃく》はなく、定期航路《こうろ》の配給《はいきゅう》さえひかえ目の旅客船《りょかくせん》に、耳よりな外貨獲得《がいかかくとく》である。」


一人あたりの金額《きんがく》をひかえめに書いている以外は、ほぼ正確《せいかく》な記事です。

やはり同じころの「朝日新聞」の記事ですが、こういう話がのっていました。

「戦火《せんか》に追《お》われて、漂泊《ひょうはく》する北欧人《ほくおうじん》。――ハマの宿屋《やどや》は大入満員《おおいりまんいん》。

ヨーロッパの戦火に呪《のろ》われて壊滅《かいめつ》した北欧の小国《しょうこく》、ポーランド、リスアニア、ラトビア、ノルウェーなどから、中南米《ちゅうなんべい》に落《お》ちのびる避難民で、ハマ（横浜）のホテルは、このところ大入満員《おおいりまんいん》。季節はずれの陽気《ようき》にいくぶんやわらいだロビーで、これら避難民のゆううつな顔が同情《どうじょう》をひいている。（中略）ホテルでは、これらの避難民を収容《しゅうよう》しきれず、バーやロビーにまでもベッドを持ち出す始末《しまつ》である。」

戰火に追はれて
漂泊する北歐人
ハマの宿屋は大入滿員

ヨーロッパの戰火に追はれて漂浪した北歐の小國ポーランド、リスアニア、ラトビア、ノルウエー等から中南米に落ちのびる避難民でハマの二流、三流ホテルはこの處大入滿員、季節はずれの暖氣に數分やはらいだホテルのロビーでこれ等避難民の悲痛な瞳が同情をひいてゐる

バンド・ホテルでは昨年十一月から滯在してゐたギリシアからの避難者メヤニス氏の一團六名を數日前送り出した後ポーランド人A・テンペル氏夫妻、ラトビヤ人シヤピロ氏夫妻子供、リスアニア人ジヤコビー氏夫妻等がロビーの一隅に集つてなかなか [illegible]

またセンター・ホテルではリスアニヤ人W・ヘレナ夫妻同R・アルペロウエック氏、ポーランド人ワルハフテイック夫妻子供等がそれぞれまだ見ぬ行き先き地の地圖をひろげて語り合つてゐる、ホテルではこれ等の避難民を收容し切れずベーやロビーへまでもベツドを持ち出す始末である、ワルハフテイック氏にポーランド脱出の話を聞く

一九三九年獨軍がポーランドに進駐、ワルソー空襲が始まつた頃私はワルソーで弁護士をしてゐましたがいよいよ首都が危險だといふので附近の二十家族を引きつれて脱出しました、リスアニヤからラトビヤと漂泊の旅の後ロシヤからシベリヤ經由で二ケ月程前日本まで落ちのびました、家や財産はどうなつたか

日本に来たユダヤ人難民《なんみん》についての記事（1941年１月12日の朝日新聞）

じつは、このつぎに、ユダヤ人のインタビューが夫妻《ふさい》の顔写真付きでのっているのを見て、ぼくは、あっと思いました。

「バルファテック氏に、ポーランド脱出《だっしゅつ》の話を聞きました。

――一九三九年にドイツ軍がポーランドに進駐《しんちゅう》し、ワルソー（ワルシャワ・ポーランドの首都）への空襲《くうしゅう》が始まったころ、私はワルソーで弁護士《べんごし》をしていました。いよいよ首都が危険《きけん》だというので、私は近所《きんじょ》の二十家族をつれて祖国《そこく》を脱出《だっしゅつ》しました。リスアニアを通り、ロシアからシベリア経由《けいゆ》で、二カ月ほど前日本まで落ちのびました。

家や財産《ざいさん》がどうなったか、母国《ぼこく》との連絡《れんらく》

が絶《た》えたのでまったく分かりません。

いっしょに逃げてきた二十家族は、医師《いし》・教師《きょうし》、技師《ぎし》などさまざまです。所持金《しょじきん》が少ないので、ユダヤ人救済会からの援助金《えんじょきん》を使って、彼ら全員を中南米へ送ってやりました。私はパレスタインで両親が農園《のうえん》をやっているので、そこへ行くはずです。あちらでもう一度、弁護士の試験《しけん》を受けなおすつもりです。

戦火に追われつづけている北欧小国民のことを思うと、日本の人々の生活がうらやましくなります。」


氏名の欄《らん》を省略《しょうりゃく》しましたが、新聞記事に書かれていた避難民の名前は、全員がユダヤ人の名でした。そして、ここでインタビューに答えているバルファテックというユダヤ人こそ、杉原さんが会ったユダヤ人代表のひとりだったのです。ぼくは、この記事を見つけたとき、ああ、ぶじに日本にやってくることができたんだ、よかったと思いました。なお記事にパレスタインとあるのは、パレスチナのことで、現在のイスラエル国《こく》があるところです。

ほかにぼくが見つけることのできたそのころの資料では、一九四〇年十月上旬《じょうじゅん》の福井県《ふくい》の記録がありました。それには、敦賀《つるが》に上陸した三百六人のユダヤ人たちの職業《しょくぎょう》が書かれていました。弁護士《べんごし》、医師《いし》、科学者《かがくしゃ》、音楽家《おんがくか》などの人びとが多いことがわかります。この人たちは、

杉原さんの署名《しょめい》(左上)はじめ、アメリカやカナダのビザ(バルファテックさんのもの)

みんな在《ざい》リトアニア日本領事館発給の日本通過ビザを持っていました。

ユダヤ人たちは、敦賀から神戸《こうべ》や横浜に移動し、そこから上海《シャンハイ》、パレスチナ、アメリカ、カナダ、中南米、オーストラリアなどに渡っていきました。


ところで、日本の外務省はこのように外国からの難民がおおぜい日本に入ってくることを、なんとか止めようとしました。ウラジオストックで彼らを足どめするために、ウラジオストックの日本総領事館にいる根井三郎《ねいさぶろう》総領事代理《だいり》に訓令《くんれい》が出ました。

「乗船《じょうせん》のための検印《けんいん》を出すな。」

ユダヤ人たちが船に乗るための許可のはんこをおすなというのです。

これに対して根井領事は本省《ほんしょう》に電報をうって、そんなことはできないといっています。

一九四一年三月三十日の電文をつぎにあげました。


「ウラジオストックに到着した避難民たちが、再《ふたた》びリトアニアへ引き返すことは、事実《じじつ》上《じょう》不可能《ふかのう》なため、連日《れんじつ》、領事館にやってきては、その追いつめられた状況を訴《うった》えて、通過査証《さしょう》、または乗船用の検印を支給《しきゅう》して下さいと求めています。」

（原文＝「避難民ハ一旦當地《いったんとうち》ニ到着セル上ハ、事実上再ヒ引返《ひきかえ》スヲ得サル実情《じつじょう》ニアル為《ため》、連日當館《とうかん》ニ出頭《しゅっとう》シ、其《そ》ノ窮状《きゅうじょう》ヲ訴ヘテ通過査證《さしょう》ノ下附《かふ》又《また》ハ検印ヲ求メ居《お》ル處《ところ》ナリ」）

ぼくは、それはそうだと思いました。はるばるリトアニアからやっとのことで逃げてきたユダヤ人たちに向かって、ウラジオストックからリトアニアへもどれなんていえる人が、いるものでしょうか。電文はつづいて、こういっています。

「大日本帝国の領事が発給したビザを持つ者で、やっとの思いでウラジオストックにたどりついた者に対して、ただ単に、彼らの行き先が中米になっているというだけの理由で、一律《いちりつ》に乗船の検印を出さないというのは、日本が海外に出している大使館・領事館発行の公文書《こうぶんしょ》を傷《きず》つける点から考えても、まずいと思います。」

（原文＝「帝國《ていこく》領事ノ査證ヲ有《ゆう》スル者ニテ遙々《ようよう》當地ニ辿《たど》リ着キ、単ニ第三國ノ査證カ中米行トナル居ルトノ理由ニテ、一率ニ検印ヲ拒否《きょひ》スルハ帝國在外公館《ざいがいこうかん》査證ノ威信《いしん》ヨリ見ルモ面白《おもしろ》カラス」）

根井領事は「杉原領事が発給したビザを無効《むこう》にする理由が見つからない。」と本省に対してそっちょくにいっています。

ソ連の在モスクワ日本大使館などからも、いくらかはユダヤ人に対して、ビザが発給されていました。しかしそれも、一九四一年、日本とアメリカのあいだに戦争がはじまってからは、打ちきられてしまいました。

モスクワにいた建川美次《たてかわよしつぐ》大使は、一九四一年三月十二日の通信文で、外務省に対して報告しています。

「ソ連政府の領事部長代理は、わたしたちの質問に答えて『今なお二、三千人のユダヤ人がソ連領内に滞在しているもようです』といっていますが、正確な数字はよくわからないとあいまいな返事《へんじ》です。そのユダヤ人の大部分は、カウナス領事館が発給した日本通過ビザを持っているもようです。」（原文＝「領事部長代理ハ尚《なお》、二、三千（大部分ハ在カウナス領事館ノ通過査證ヲ有スモノト思考ス）滞留《たいりゅう》シ居ル模様《もよう》ナルモ、正確ナル数ハ不明ナリト言明《げんめい》ヲ避《さ》ケタリ」）

「領事部長代理に『二、三千人の人数をどうやって調べましたか』とたずねさせました。彼は『さあ、わたしはなにも直接《ちょくせつ》聞いていていないなあ』といって、確答《かくとう》をさけたいようすです。」

おなじ通信文のなかの文面で、モスクワの日本大使館が、三百人以上のユダヤ人に対してビザの発給をことわっていることがわかります。

「現在、当大使館に、ビザの発給を申請《しんせい》しているユダヤ人は三百余名《よめい》です。当館はこれらのユダヤ人全員に対して、『本省からの訓令に従《したが》って日本通過ビザは発給できない』と拒《きょ》絶《ぜつ》しています。」

（原文＝現在當館ニ申請シ居ル者三百余名アリ之等ハ全部訓令ニ依リ拒絶シツツアリ。」）

一九四一年四月二日に建川大使が外務省に報告した通信文からは、追いつめられたユダヤ人たちのようすがわかります。

「ユダヤ人は家もなく、帰るところもなく、わたしたちを助けてくださいと訴えつづけ、一日中泣《な》いて日本の大使館から立ち去りません。」（原文＝「彼ラ住ムニ家ナク、帰ルニ所《ところ》ナク進退《しんたい》キワマリ、回答ノ不信ヲ泣訴《きゅうそ》、終日号泣《しゅうじつごうきゅう》シテ立去ラサル者アリ」）

ビザをことわられたユダヤ人たちは、行くところがありません。その人びとは、ソ連にナチス・ドイツがせめこんできたときに、ほとんど殺されてしまいました。

カウナスからウラジオストックにたどり着いたユダヤ難民の最後のグループが、ウラジオストックを出港したのは、一九四一年六月十六日でした。

「本船は、ただ今、ソ連の領海《りょうかい》をはなれ、公海《こうかい》上に出ました。」

そう知らされたとき、船内にいたユダヤ人たちは、いっせいに船室から甲板《かんぱん》にとびだしてきました。杉原さんからビザをもらって以来《いらい》、カウナスからモスクワへ、さらにモスクワからウラジオストックにいたる長い旅に出て、じつに十か月ぶりに、彼らは自由の空気をすったのです。

カモメが空を飛んでいます。

六月の日本海は、まぶしくかがやき、波《なみ》はゆっくりうねっています。

難民のひとりが、小さな声でユダヤの歌をうたいだしました。もうひとり、さらにもうひとり、その歌に声をあわせました。人びとのあいだに歌声が伝わっていきました。笑いがこぼれました。

ついに大合唱となりました。

船長も船員も、笑いながらユダヤ人たちのよろこぶようすをながめました。

ユダヤ人のだれもが、手をならし、くつ音をたて、輪《わ》になっておどりだしました。

5 苦難《くなん》の日び

カウナスをはなれた杉原《すぎはら》さんは、プラハに行く前に、本省《ほんしょう》の命令でドイツの首都《しゅと》ベルリンに行き、来栖三郎《くるすさぶろう》・駐《ちゅう》ドイツ大使《たいし》と会い、約《やく》一週間をドイツですごしました。

来栖大使は、杉原さんが本省《ほんしょう》の命令にさからってユダヤ人に大量《たいりょう》のビザを出したことについては、なにも問題《もんだい》にしませんでした。そのわけはいくつか考えられますけれど、理由のひとつは、大使が杉原さんの人がらと能力を高く評価《ひょうか》していたからだと思います。いずれにしても〝リトアニア事件《じけん》〟（そう呼《よ》ぶ人もいました）によって、杉原さんの外交官《がいこうかん》としての資格《しかく》が失《うしな》われることはありませんでした。

杉原さんは九月一二日にプラハに到着《とうちゃく》し、日本領事館《りょうじかん》をひらきました。

プラハは、チェコスロバキアの首都でしたが、ナチス・ドイツがとなりのこの国の領土《りょうど》を要求してチェコスロバキアは解体《かいたい》されてしまい、プラハのあるチェコの地方は、一九三九年からナチス・ドイツに占領《せんりょう》されていました。

杉原さんは、プラハでも日本通過《つうか》ビザを七四通発給《はっきゅう》しています。

カウナスでは、ビザを求めた人びとの九〇%以上がポーランド系《けい》でしたが、プラハでは、ドイツから脱出《だっしゅつ》したユダヤ人がほとんどでした。ここでビザをもらった人の多くは、中国の上海《シャンハイ》をめざしました。

プラハには六か月ほどいましたが、この領事館も閉鎖《へいさ》されました。

次の外務省の指示《しじ》は「ケーニヒスベルクに総《そう》領事館をひらいて、ソ連《れん》の情報収集にあたれ。」というものでした。

当時ドイツ領《りょう》だったケーニヒスベルクは、ソ連との国境《こっきょう》にありました。かつてドイツ帝国《ていこく》の中心となった、プロイセン（プロシア）王国の古い港がある都市《とし》です。第二次世界大戦《たいせん》のあとはソ連領《れんりょう》となり、ソ連がなくなったあとはロシア領となり、名まえはカリーニングラードに変わっています。現在のロシアのいちばん西はじの港です。

1941年ケーニヒスベルクでの杉原さん一家と領事館《りょうじかん》の使用人

杉原さんは、ケーニヒスベルクで、国境の警《けい》備《び》がひじょうにきびしくなっていることに注《ちゅう》目《もく》しました。物資《ぶっし》が買いしめられていることもわかりました。そして犬を連《つ》れた警備兵《へい》が国境を封鎖《ふうさ》しました。犬があちこちでほえたてました。

ドイツ軍《ぐん》の兵士《へいし》が、背中《せなか》にホースを背負《せお》っていました。このホースは給油用《きゅうゆよう》のポンプがないときに、ガソリンや重油《じゅうゆ》を口ですいあげて給油するのに使われるものでした。めだたないよう、こっそり戦車《せんしゃ》に燃料《ねんりょう》を補給《ほきゅう》しようとしているのではないかと考えられました。

「これは、ただごとではない。」

杉原さんは、近いうちにナチス・ドイツとソ連との間に戦争が起こるのではないかと予測《よそく》し、本国《ほんごく》に報告《ほうこく》しました。

あんのじょう、一九四一年六月二二日に、ナチス・ドイツはソ連に攻《せ》めこみ、両国の間に戦争がはじまりました。ナチス・ドイツとその同盟国《どうめいこく》を合わせて約《やく》五百万人の軍隊《ぐんたい》が、バルト三《さん》国《ごく》、白《はく》ロシア地方、ウクライナ地方などのソ連領にいっせいにおしよせました。

このときに、リトアニアやソ連にとどまっていたユダヤ人難民《なんみん》が殺されました。ユダヤ人が殺されているといううわさは、杉原夫妻《ふさい》もあちこちで耳にしました。そのたびにカウナスで会ったユダヤ人たちのことが、ふたりの話題《わだい》になりました。

「あの人たち、ぶじに行けたのかしら。」

幸子《ゆきこ》さんは、このつぶやきをなんどくりかえしたことでしょう。杉原さんは幸子さんにうなずきながら、祈《いの》るような気持ちになりました。

なにしろ今は戦争の最中《さいちゅう》です。まもなくケーニヒスベルクも危険《きけん》になり、日本総領事館も閉鎖されてしまいました。

杉原さんの新しい任地《にんち》、そして、最後の任地となったのは、ルーマニアのブカレストでした。ルーマニアは日本と同じ枢軸国《すうじこく》の一員で、ブカレストには日本の公使館《こうしかん》がおかれていました。

杉原さんは一九四二年の一二月に着任《ちゃくにん》、ここでのポストは、はじめ一等通訳官《つうやくかん》、のちに三等書記官《しょきかん》でした。

ナチス・ドイツがソ連に攻めこんだ一九四一年という年は、日本にとっても大変《たいへん》な年でした。杉原さんがブカレストに着任《ちゃくにん》する直前《ちょくぜん》の十二月八日、日本はアメリカに宣戦布告《せんせんふこく》をし、「太平《たいへい》洋《よう》戦争」がはじまりました。こうして日本は、中国に加えて、イギリス、アメリカという大きな国を相手に戦争をつづけ、戦場は中国大陸《たいりく》から東南アジア、太平洋上へと広がっていきました。

帝國、米英に宣戰を布告

畏し大詔渙發さる

英米の暴政を排し
東亞の本然を復す
政府 宣戰の使命聲明

日本のアメリカ・イギリスに対する宣戦布告《せんせんふこく》についての記事

外国の外交官たちと杉原さん（第２列右から３人目）と幸子さん（第１列の和服姿《わふくすがた》）

しかし、枢軸国側の戦力はしだいに連合国《れんごうこく》側の戦力によって、おしかえされていきました。一九四三年に入るとソ連がナチス・ドイツにもうれつな反撃《はんげき》をはじめ、スターリングラード（今のボルゴグラード）の戦いでドイツ軍をやぶりました。ソ連は、イギリス、アメリカと手をむすび、連合軍は西と東からナチス・ドイツを攻めることになりました。その結果、七月にイタリアが降伏《こうふく》しました。

一九四四年の六月、イギリスから海をわたってフランスのノルマンディーに上陸した連合軍は、フランスからナチスを追い出しました。フランスは、一九四〇年にドイツに降伏《こうふく》して以来《いらい》、四年ぶりに自由になりました。

杉原さんがいるブカレストにも、アメリカ空軍の空襲《くうしゅう》がはじまりました。一九四四年八月にはソ連軍がルーマニアに進撃《しんげき》し、ブカレストを中心にして、ドイツ軍とはげしい戦いをしたのち、ついに勝ち、ブカレストを占領しました。それまでのあいだにルーマニアでは枢軸国についた政府にかわって、新しい政府ができました。

一九四五年の二月にはイギリスのチャーチル首相《しゅしょう》、アメリカのローズベルト大統領《だいとうりょう》、ソ連のスターリン首相が、クリミア半島のヤルタで会談《かいだん》しましたが、このときはもう枢軸国側が負けることは見とおしがついていました。

ナチス・ドイツはしぶとく抵抗《ていこう》をつづけましたが、一九四五年の四月になるとついにもちこたえられなくなりました。ドイツには、東からソ連軍、西からアメリカ軍などの連合軍が攻めこみ、ドイツを流れるエルベ川で四月二五日、ソ連兵とアメリカ兵が出会いました。

四月のおわり、もうひとつの劇的《げきてき》な出会いがありました。

ドイツ南部にあったダッハウを中心とした強制収容所《きょうせいしゅうようじょ》では、罪《つみ》もないユダヤ人二五万人が収容され、強制労働《ろうどう》や人体実験《じんたいじっけん》、ひどい環境《かんきょう》での病気の流行《りゅうこう》などにより、七万人が殺害《さつがい》されたり死亡《しぼう》したりしたりしていました。

そのダッハウ収容所群《ぐん》に、一九四五年四月二九日、アメリカ軍第四四二部隊の戦車が突入《とつにゅう》しました。

家族がユダヤ人に協力したため収容所に入れられた、キリスト教徒《きょうと》の女性はいいました。

「そのとき、わたしは彼《かれ》を見て、ああ今度は日本人がわたしたちを殺しにきたんだわ、と思いました。(略《りゃく》)突然《とつぜん》彼は両手で顔をおおって、地面にひざまずき、泣《な》き出したのです。彼は泣きながらこういいました。『あなたたちはもう自由の身なのです。私たちは日系《にっけい》アメリカ人です。』」

別の人はこう証言《しょうげん》しています。

「わたしはリトアニア共和国のカウナスの出身です。ドイツ軍がリトアニアに侵略《しんりゃく》してきたとき、わたしの家族や親戚《しんせき》のものの多くが、ナチスによって殺されました。

それからの二、三年、わたしはカウナスのゲットーの中で、ただ生き延《の》びることに費《つい》やしたのです。それからわたしたちは(略)ダッハウの奴隷《どれい》工場へと移されました。

それがいつだったのかはっきりと覚《おぼ》えていないのですが、四月の終わりだったと思います。わたしたちは死の行進《こうしん》（注・ナチスは収容《しゅうよう》されていた人たちをダッハウから徒歩《とほ》で移動《いどう》させ、その後皆殺《みなごろ》しにしようとした。飢《う》えや疲労《ひろう》などで行進中に命を落とした人も多かった。）につかされたのです。そしてワーカーヘンという小さな街《まち》で、わたしは勇敢《ゆうかん》な日系アメリカ人によって救われ、解放《かいほう》されたのです。」（『意外《いがい》な解放者』より）

日系アメリカ人とは、日本から移民《いみん》としてアメリカに渡《わた》った人たちとその子孫《しそん》で、アメリカ国籍《こくせき》の人たちのことです。

第二次世界大戦中、日系アメリカ人は、敵国《てきこく》である日本に味方《みかた》するのではないかとうたがうアメリカ政府によって、住んでいたところから強制的にたちのかされ、収容所に収容されました。その数は約一二万人になるといわれます。（もっとも、同じく敵国《てきこく》であるドイツ系《けい》やイタリア系のアメリカ人は、ここまで徹底的《てっていてき》に収容されることはありませんでした。）

日系アメリカ人の青年たちの中には、アメリカへの忠誠《ちゅうせい》を示すため、すすんで軍に入った人たちもいました。かれらはヨーロッパに派遣《はけん》され、各地で激戦《げきせん》を戦いました。そのひとつが第四四二部隊でした。第四四二部隊はアメリカ軍の歴史のなかで、千を超える勲章《くんしょう》をもらったゆいいつの、そして、もっとも多くの犠牲者《ぎせいしゃ》を出した戦闘《せんとう》集団となりました。

ナチス・ドイツが降伏《こうふく》し解放《かいほう》されて喜ぶ強制収容所《きょうせいしゅうようじょ》のユダヤ人

四月三〇日、ヒトラーはベルリンで自殺《じさつ》し、ベルリンも五月二日に陥落《かんらく》しました。

五月七日、ナチス・ドイツは、連合軍に無条件降伏《こうふく》をしました。

杉原さん一家《いっか》には、新《あら》たな苦しい日びがはじまります。

ナチス・ドイツが負けたとき、ヨーロッパにいた日本人外交官たちは、連合国の監視《かんし》のもとにおかれました。杉原さん一家は、七月のおわりに空襲をさけて避難《ひなん》していた先からブカレストにもどってまもなく、日本公使館の人たちとともに、ソ連軍に軟禁《なんきん》されました。

外交官には「外交官特権《とっけん》」があります。一国《いっこく》を代表する者として、身の安全が保障《ほしょう》されています。現行犯《げんこうはん》は別として、その国の法律《ほうりつ》にしばられません。ところが、ソ連政府は不法《ふほう》にも外交官まで拘束《こうそく》しました。ルーマニアでは一七人の日本人が拘束されました。そして、杉原さんがロシア語がわかるので、日本人外交団の交《こう》渉《しょう》係にしてしまいました。

日本では前年の一九四四年から米軍による本土爆撃《ほんどばくげき》が始まっており、一九四五年になると全国各地の都市が空襲を受けました。沖縄《おきなわ》にはアメリカ軍が上陸し、住民もまきこんだ悲惨《ひさん》な戦闘がくりひろげられました。八月六日には広島へ、八月九日には長崎へ、原子爆弾《げんしばくだん》がアメリカ軍によって投下《とうか》され、八月九日にはソ連が満州《まんしゅう》に攻めこみました。

ソ連が日本に対して宣戦布告した時、軟禁されていた人たちのようすは、幸子さんによれば、こんな状況でした。

「軟禁ですから、外には勝手に出られないけれど、中でならわりあいゆるやかな監視です。おたがい話もできました。

日本人外交団の中には、いろいろな人がおりました。軍部《ぐんぶ》から派遣されていた武官《ぶかん》は、『おれは腹《はら》を切って天皇陛下《へいか》におわびする。おまえも男なら腹を切れ。』なんて、おそろしいことをいいました。

でも、この人には死ぬ気なんてありません。大声でわめいて、気をまぎらせていただけです。子どもたちの前でも、死ぬとか殺《ころ》すとか口ばしりました。こういう人でも上司《じょうし》でしたから、いちおう話は聞かないといけません。この人がいろいろというので、主人がたしなめたこともあります。

『あんまりロシア人の悪口《わるくち》はいわないほうがいいですよ。』

でも、こういうんです。

『かまうものか。どうせこいつらには日本語がつうじないんだ。』

わたしたちの監視役になったロシア人将校《しょうこう》は、自分たちのことをいわれているとも知らないで、大きなあくびをもらしました。この人はいつも、外交団の人たちが話している席にいっしょにいてみんなを監視しているのですが、いつもつまらなそうにしています。

主人がロシア語で話しかけないかぎり、この人にはする仕事がないのですね。でも、ときどきは『あの武官は今、なんていっていたか、教えてくれ』とロシア語でたずねることがあります。そんなとき、主人はこまっていました。なんとか、とりつくろって話してましたが……。」

八月一四日、日本はポツダム宣言《せんげん》を受諾《じゅだく》し、八月一五日、国民に終戦《しゅうせん》が告《つ》げられました。

「わたしたちが、日本が昭和二十年（一九四五年）の八月十五日に、無条件降伏《むじょうけんこうふく》したということを知ったのは、ルーマニアにいたときでした。

主人は、日本が戦争に負けたと知ると、何もいわずに黙《だま》っていました。」

八月一七日、ソ連政府は杉原さんを逮捕《たいほ》し、幸子さんや子どもたち、幸子さんの妹もいっしょに、ブカレスト郊外《こうがい》のラーゲリにいれてしまいました。ラーゲリというのは一種《いっしゅ》の収容所のことです。

杉原さんは、くる日もくる日もソ連軍の取調《とりしら》べを受けなくてはなりませんでした。

「オマエは、スパイだろう。日本になにを知らせた。どんな情報をソ連から盗《ぬす》んだんだ？　いえ！」

杉原さんは答えます。

「ニェット（いいえ）。わたしはスパイではない。」

「ルーマニアのラーゲリでの生活はおよそ一年間つづきました。そのあとも、半年ほどソ連領内のラーゲリをたらいまわしされました。汽車《きしゃ》に乗《の》せられたり、おろされたり、また乗せられたり……。

持ち物はすべて検査《けんさ》され、写真類《しゃしんるい》は没収《ぼっしゅう》されました。『子どものうつっている写真だけはのこして……』とたのみましたので、何まいかは手元にのこりました。

荷物《にもつ》が三十六個ありました。みんな自分たちで運《はこ》びました。汽車といいましたが、ふつうの列車じゃありません。貨物列車《かもつれっしゃ》に一両《りょう》だけ、そまつな客車《きゃくしゃ》がついていました。

それにわたしたち十七名が乗せられたのですが、暖房《だんぼう》はストーブ一台だけ。ストーブにあたっているほうはよくても、せなかは寒《さむ》いでしょ。子どもたちには、ありったけの毛皮《けがわ》のコートをきせました。それでも寒いんです。

外に出たら鼻《はな》のあながこおりました。まつげもこおりました。だれかが、汽車をおりるときに鉄《てつ》のてすりを手でつかんだら、手の皮《かわ》がべろっとむけてしまいました。

みんな不安でした。ロシア人がなにかいうと、みんなが、なんていったんだって聞くんです。ところが、主人は、ことばがわかるから、よけいこわいんですよ。

ソ連兵たちが、こんな話をしているのが耳に入り、ぞっとしました。

『ドイツ人が、このまえ船《ふね》で逃《に》げようとしたんだ。この海を。』

『そうか、どうなった?』

『捕《つか》まって、奥地《おくち》に送られたよ。』

『フーン、おれはこのあいだ、日本人の捕虜《ほりょ》が処罰《しょばつ》されたって、聞いたぞ。』

『処罰? どんな?』

『処罰は、処罰さ。決まってる。』

ようやくソ連の東のはし、日本に近い沿岸部にあるナホトカにつきました。

汽車をおりると、すぐ海が見えました。黒い海に雪が降《ふ》っていました。

とにかく、あすどうなるかわからない。いつ解放《かいほう》してもらえるかわからない。身もこおる寒さの中で、子どもたちがふるえています。目の前は暗《くら》い海でした。こわかった。

それでも、ナホトカまでこられたので、外交団の中にはほっとして口が軽《かる》くなった人たちがいました。

『やっと帰れるぜ。ソ連なんてなんだ。こんど戦争したら、ロシア人を皆殺《みなごろ》しにしてやる。』

そんなことをいう人までいました。

わたしたちは、そこから船でウラジオストックまで行かされました。わたしたちは船底《ふなぞこ》の、板をしいたところに入れられました。ハシゴがとっても急でした。それをのぼって食事をもらってきて、みんなでわけて食べました。

船をおりるとき、その船の責任者《せきにんしゃ》のロシア人将校によばれました。わたしは、心底《しんそこ》ふるえました。主人だけソ連にのこれといわれるのではないかと思ったの。でも、ちがいました。

『ダスヴィダーニヤ（さようなら）、スギハラ。』

彼はなにかいいたそうに、主人の目を見つめました。

『日本に帰ったら、いい国をつくってください。二度と、戦争を起こさないように。』

わたしは、そうきいてびっくりしました。とても意外な気がしたのです。おどろくとともに、ほっとしました。でももうひとつおどろくことがありました。

『もう、あなたがたには会うことはありませんね。いろいろ勉強になりました。さようなら、杉原さん。美しい奥《おく》さんもお元気で。』

わたしは、あっと息をのみました。彼は日本語でしゃべったのです。彼は完全に日本語が使えました。だから、日本人外交団の会話は、ぜんぶソ連側につつぬけだったのです。」


ウラジオストックからふたたび船に乗って大連《ターリエン》に行き、そこからまた船に乗りました。わたしたちの乗った船は、昭和二十二年（一九四七年）の四月はじめに、九州の博多《はかた》につきました。とうとう日本に帰ってきたんです。」

フィンランドへ赴任《ふにん》してから、十年近い月日がたっていました。


杉原さん一家は、日本に帰ると神奈川県の鵠沼《くげぬま》というところに落ちつきました。杉原さんが日本に帰ってはじめて外務省へ足をはこんだのは、一九四七年の四月。帰国してすぐのことでした。

東京は、一九四五年の三月から五月にかけて、アメリカ空軍のはげしい空襲にあいました。そのために、東京中が焼《や》け野原になってしまいました。空襲で家をやかれ、親や肉親《にくしん》をなくし

東京駅ふきんの焼《や》けあと

孤児院《こじいん》での子どもたち

くつみがきで生計をたてる戦災孤児《せんさいこじ》(1947年)

ために、住むところも食べるものもない子どもたちも、日本の敗戦《はいせん》とともにたくさんあらわれました。そのような子どもたちは戦災孤児《せんさいこじ》とよばれました。

でも敗戦から二年めにはいったころは、東京も立ちなおりはじめ、人びとは生きるために必《ひっ》死《し》になってがんばっていました。

杉原さんは、早めに東京について、皇居《こうきょ》の堀《ほり》ばたを歩いてみました。遠くに、連合軍の総司《そうし》令部《れいぶ》（ＧＨＱ）がおかれた第一生命ビルが見えます。

〈空襲のときには、皇居の建物も焼けたという。銀座《ぎんざ》から霞《かすみ》が関《せき》の中央官庁《かんちょう》街《がい》にかけて火の海になったそうだが、このあたりもひどかったのだろう。これから本省《ほんしょう》に行ったら、だれかにくわしい話をきいてみよう。ひょっとするとちゅうで、だれかに会うかもしれないな。〉

杉原さんは、背《せ》すじをのばして、ゆっくり歩いていきました。

外務省が見えたとき、杉原さんはふと思いました。

〈ぼくが平和なときに本省に来たのは、はじめてじゃないかな。しかしこれからは平和のために働けるわけだ。たとえどんなつまらない仕事をあたえられても、よろこんでやろう。家族のためにも、なんでもやらなくてはなあ……。〉

その二か月後、一九四七年の六月に、杉原さんは外務省を退職《たいしょく》しました。

杉原さんが外務省を退職した理由については、さまざまな見方があります。独断《どくだん》でビザを発給《はっきゅう》したことが、本国政府からの訓令《くんれい》に違反《いはん》したとされ、退職《たいしょく》を強《し》いられたのだとする見方があります。杉原さんとご家族は、外務省の意向《いこう》に反してビザを発給した責任《せきにん》を問われて、やめさせられた、と感じていたようです。杉原さんはその後四四年間、外務省の関係者とはいっさい交流《こうりゅう》を絶《た》っていました。

一方、処分《しょぶん》として強いられた退職ではない、という見方もあります。一九四七年には外務省の人員《じんいん》の三分の一もの人が退職させられました。敗戦直後の日本は、GHQに占領され、独立《どくりつ》国としての外交の機能《きのう》を失《うしな》ったため、たくさんの外務省職員は必要としなくなっていたのです。杉原さんはその人員整理の対象《たいしょう》の、多くの中の一人であったということで、杉原さんだけがとくべつ不利《ふり》をこうむったわけではないというのです。

杉原さんは、カウナスで大量のビザを発給したあとも、プラハの総領事館、ケーニヒスベルクの総領事館、ブカレストの公使館と、外務省の出先機関《でさききかん》ではたらき、一九四四年には勲五等《くんごとう》瑞宝章《ずいほうしょう》という勲章《くんしょう》を国から受けていました。もしビザ発給が退職させなければならないほどの大問題であったのなら、そのようなあつかいにはならないともいえます。また、ビザを発給したのは杉原さんだけではなく、前にお話ししたように、たとえばモスクワの日本大使館などでも発給していました。なお、杉原さんが訓令違反で処分されたということは、記録としては残《のこ》っていません。

あるいは、こんな事情《じじょう》があったかもしれません。杉原さんはソ連とドイツが戦争するであろうことをいち早く察《さっ》して、外務省に報告しましたが、外務省はこれを軽視《けいし》してせっかくの貴重《きちょう》な情報を活《い》かせませんでした。この失敗をかくすために、外務省のだれかが、事情を知る杉原さんを人員整理の対象《たいしょう》にして、やめさせたかもしれません。

まったく逆《ぎゃく》に、杉原さんを守ろうとしたのかもしれません。この当時、ソ連をふくむ連合国は、戦犯《せんぱん》（戦争犯罪人《はんざいにん》、枢軸国が戦争中に行った侵略行為《こうい》などの責任者とされる人びと）探《さが》しにやっきになっていました。ソ連の事情にくわしかった杉原さんを、ロシア人に見えないところに置こうとしたのかもしれません。

ほかにもさまざまな理由が考えられていますが、いずれにせよ、このあと杉原さんが、外交官として、平和な日本をつくるために国際社会で活躍《かつやく》することはなかったのです。


外務省をやめた杉原さんは、日本にきたアメリカ軍に福祉《ふくし》関係の仕事を見つけました。外国系の会社の責任者にもなりました。ＮＨＫの国際局で「ソ連むけ国際放送」の手伝《てつだ》いもしました。語学学校で、ロシア語の先生にもなりました。科学技術庁のもとで、ロシア語、英語、ドイツ語、フランス語のほんやくも引き受けました。杉原さんは、家族をやしなうために、いろいろな仕事をして働きました。

杉原さん一家の新しい生活がはじまったころ、三番めの男の子で小学校一年生のクリちゃんが、病気になりました。

クリちゃんの病気は、血液《けつえき》のガンとよばれる白血病《はっけつびょう》でした。いまでこそ、白血病は助からない病気ではなくなっていますが、一九四〇年代の日本では不治《ふじ》の病《やまい》だったのです。不幸《ふこう》が、一家をおそいました。

「クリちゃんは、リトアニア生まれです。あのころ、この子は生まれて三か月の赤ちゃんでした。ほんとうの名まえは晴生《はるき》といいます。頭がとっても丸くてクリみたいだったから、みんながクリちゃんてよび、自分でもそういってました。

わたしは、あの子の白血病の遠《とお》い原因《げんいん》はリトアニアだったように思えてなりません。リトアニアからの脱出《だっしゅつ》、シベリアのきびしい冬の寒さ、不規則《ふきそく》でおちつかない生活、あちこち移動する旅の苦しさ、すべての無理《むり》のしわよせが、いちばん小さなクリちゃんに出てしまったような気がします。

昭和二十二年の十一月十二日に、小学校の遠足《えんそく》で江ノ島《えのしま》に行ったのですが、帰ってくると鼻血《はなぢ》が出てとまりません。水道から水が流れるように血が出ました。わたしは神さまにどうかクリちゃんを助けてください、そのためにはなんでもしますと祈《いの》りました。銀《ぎん》のコンタツ――じゅずのことですが、コンタツが血でまっかになってしまいました。でも、とうとう助からなかったのです。主人は、いたたまれず庭《にわ》へとびだしていきました。上のふたりの子が『神さま、クリちゃんをかえして。』と叫《さけ》びました。

あの子はね、死ぬ一年くらい前に、ときどき『ぼく死にたい。』っていっていました。どうしてってきくと『人間はきたないから。子どものうちに死んで天国《てんごく》へ行くんだよ。天国はきれいなんだ。』っていいます。そんなこと、だれも話したことなんかありませんのにね。

わたしが『死ぬなんていったら、ママがかわいそうでしょ。クリちゃんが死んだら、ママはひとりぼっちになっちゃうよ。』というと、『ふうん、じゃ、ぼく、また生まれかわってくるよ。』

……そういいましたよ。

クリちゃんが死んだあとに、四番めの男の子が生まれました。わたしは、ほんとにクリちゃんの生まれかわりだって気がしてなりませんでした。たとえその人が死んだとしても、わたしたちは愛《あい》するものを見失《みうしな》うことはありません。心の底《そこ》からだれかを愛しているなら、その人はいなくなりはしないのですから。そうじゃありませんか。」

幸子さんの話を聞きながら、ぼくはほんとうにその通りだと思いました。愛は死によって終わりはしないのです。

幸子さんと子どもさん（1944年ルーマニアのブカレストにて）白い洋服がクリちゃん

6 再会《さいかい》のとき

一九六八年の、日差《ひざ》しがつよくなった初夏《しょか》のある日、鵠沼《くげぬま》の杉原《すぎはら》さんの家に、東京のイスラエル大使館《たいしかん》から、電話がかかってきました。

「イスラエルから、杉原さんに会いたいといっている人が来ています。こちらまで来ていただけないでしょうか。」という内容でした。

イスラエル国《こく》は、西アジアの地中海《ちちゅうかい》に面したパレスチナの地にある国です。一九四八年五月に、ユダヤ人たちがつくりました。

杉原さんは、そのころ貿易《ぼうえき》会社の重役《じゅうやく》としてソ連《れん》で仕事《しごと》をしていましたが、このときはたまた日本に帰ってきていました。杉原さんは、四番目の息子さんといっしょに、大使館に出《で》向《む》きました。

「幸子《ゆきこ》、きょうは、思いがけないことがあったよ。」

杉原さんが帰《かえ》ってくるなりそういったので、幸子さんは、おやっと思いました。

「なんでしょう。でも、パパのようすでは悪《わる》い話ではなさそうだわ。」

「うん。悪い話ではない。しかし、とにかく思いがけないことさ。ぼくは、こんなにおどろいたことは、ないような気がする。イスラエル大使館でニシュリさんという男性と会ったんだがね、『わたしの父のことを覚《おぼ》えてらっしゃいますか。』そう聞かれたが、まったく知らない。名前を聞いても、ぜんぜんおぼえのない人だ。」

「『わたしはあなたのことを父からきいています。両親はあなたのことを一日としてわすれたことはありません。』というんだ。しかし、ぼくにはまったく心あたりがない。ちょっとこまってしまったよ。相手《あいて》がそういってくれるのに、なんか悪いじゃないか。

ぼくがとまどっていると、彼はなんか古い書類《しょるい》を出して見せてくれたんだ。古びてしまっているけれど、ぼくの字だとわかった。カウナスで彼《かれ》の父に出したビザだった。」

「カウナスの？　まあ……。」

「あのときは、夢中《むちゅう》で書いたからなあ。なにしろすごい数だったし。あれでは、おぼえていなくても失礼《しつれい》にはならんなと思ったので、ほっとしたよ。」

「じゃあ、ぶじだったのね、あの人たち。よかった！」

「うん。ぼくもうれしかった。すると、

『おぼえていらっしゃらないでしょうね。父は、おおぜいの中のひとりでしたから。やっとあなたにお会いできました。わたしたちは、ずっとあなたをさがしていました。』

というんだ。聞いてみると、彼だけじゃないんだね。あのとき助かったユダヤ人の多くが、戦争が終わってからずうっと、ぼくら一家《いっか》をさがしていたんだそうだよ。」

「どうしてかしら。」

「うん、びっくりしたんだがね。あのときユダヤ人たちは、ぼくに、どんなに年月がたとうと、どんなにはなれていようと、かならずぼくをさがしだして、その前に立つと約束《やくそく》したんだ。ニシュリさんにそういわれて、そんなことがあったなと、やっと思い出したくらいだよ。しかし、それにしても、おどろいたなあ。」

「いま昭和四十三年だから、あれから二十八年もたっているのよ、パパ。ああ、わたし、なんていったらいいのかわからないわ。」

「そうだね。なんていったらいいんだろう。」

再会《さいかい》のときがきたのでした。

幸子さんは、でも、のちにこう語っています。

「主人《しゅじん》は、自分をおもてに出したり、人に知られたりすることがきらいな人でした。だから、ほんとうはそっとしておいてほしかったの。だって、主人のしたことが、人に知られる必要はまったくないんですもの。のちに、このことでテレビや新聞や雑誌《ざっし》が取材《しゅざい》にきましたけれど、主人はみんなにさわがれることを、いやがっていました。」

しかし、ユダヤ人たちは、けんめいに杉原さんをさがしつづけていたのです。

日本の外務省《がいむしょう》に問いあわせました。しかし、あてはまる人間は外務省にはいないという答えがかえってきました。

じつは、ユダヤ人たちは、杉原さんの名前が正しくは「ちうね」というのだとは知らなかったのです。

というのは――一九四〇年夏のカウナスで、ユダヤ人たちは、杉原さんに名前をたずねました。

「スギハァラさん、あなたのお名前を教えてください。」

「すぎはら、ちうね、です。」

「スギハァラ、チュ－ニ、ですか?」

「いいえ、ちうね、です。」

「チイ－ネ?」

「ち・う・ね、です。」

「おお、チュ－ネン?」

「いいにくいなら、センポとよんでもかまいませんよ。」

「センポ。センポですね。」

「そう。それでいいですよ。」

「おお、スギハァラ・センポさん。」

杉原さんは、ユダヤ人たちが「ちうね」と発音することがむずかしいとわかったので、千畝《ちうね》を音読《おんよ》みで「せんぽ」と教えたのです。だから、ユダヤ人たちは、スギハァラ・センポという日本人外交官《がいこうかん》をさがしていたのです。

ユダヤ人たちは、杉原さんがブカレストの日本公使館《こうしかん》にいたというところまでは、調べました。けれども、一九四五年八月十五日の終戦をさかいに、杉原さん一家のゆくえはわからなくなってしまったのです。

彼らは、杉原さんをなんとか見つけようとしました。何年も何年もしんぼう強くさがしました。しかし、スギハァラ・センポという日本人外交官は、外務省にはいませんでした。

「このままでは、いつまでたっても見つけられない。」

ニシュリさんは来日前に、両親のビザをコピーして、日本にある自国の大使館に送りました。

駐日《ちゅうにち》イスラエル大使が、そのコピーをもって、みずから外務省に乗りこみました。

「わたしたちを助けてくれたのはこの人です。この署名《しょめい》のひとです。あの方はどこにいますか。」

「スギハァラ・センポ領事が見つかった！」

その知らせに、イスラエル、ヨーロッパ、アメリカなどにいるユダヤ人たちのあいだから、よろこびの声があがりました。

一九六九年、杉原さんは留学《りゅうがく》していた息子さんに会いに、イスラエルを訪《おとず》れました。

再会《さいかい》した杉原さん（左）とバルファテックさん（1969年イスラエルにて）

そのとき杉原さんは、初老《しょろう》の宗教《しゅうきょう》大臣《だいじん》と面《めん》会《かい》することになりました。

「スギハァラさん、おわすれですか。わたしは、あなたに助けていただいた者のひとり、バルファテックです。」

そうです、あのときのユダヤ人代表のひとりです。あれから約三十年、追《お》われて逃《に》げていた青年は、今や一国《いっこく》の大臣《だいじん》となっていました。

「バルファテックさん……。」

さらにもう一人、代表のひとりだったクレメンテノスキーさんとも、会いました。クレメンテノスキーさんは、テルアビブ市の副市長を務《つと》めていました。

杉原さんの出したビザで助かった人たちの中に、この国づくりに参加《さんか》した人たちがいたのでした。

ここまでは、杉原さんとイスラエルのユダヤ人たちとの関係は、個人《こじん》と個人のつながりでした。それが、それにとどまらず、杉原さんのことが、公式の外交の場で明るみに出される日がやってきました。

一九八五年一月。日本政府は、イスラエルのイツハク・シャミール外相《がいしょう》（当時。のちに首相《しゅしょう》）を日本に招待《しょうたい》しました。東京の広尾《ひろお》にあるユダヤ人協会センターでひらかれた歓迎《かんげい》会には、当時の中曽根《なかそね》康弘《やすひろ》総理《そうり》大臣や安倍《あべ》晋太郎《しんたろう》外務大臣が出席《しゅっせき》しました。

この歓迎会に、当時八十五歳だった杉原さんもまねかれました。

歓迎会の当日、イスラエルのベン－ヨハナン大使は、会場にいた杉原さんを、日本の首相と外相にむかって、こう紹介《しょうかい》したのです。

「杉原さんは、ユダヤ民族《みんぞく》の命の恩人《おんじん》です。」

首相も外相も、おどろきました。見たことも聞いたこともない、目の前の老人が「ユダヤ人の命の恩人」だというのです。いったいなんのことだろうと、いぶかしそうな顔をする首相に、イスラエルの代表者は、これまでのいきさつを話しました。

首相も外相も、ますますおどろいて杉原さんの顔を見なおしました。

さっそく各新聞社が杉原さんのことを大きく記事にしました。

●「ユダヤ難民《なんみん》五千人に命のビザ――日本経由脱出《けいゆだっしゅつ》を助ける。迫《せま》るナチ、リトアニアから」（「東京新聞」）

●「ユダヤ人救《すく》った日本人」（「毎日新聞」）

●「ユダヤ人を救え！　決死《けっし》のビザ発行から40年」（「日本経済新聞」）

●「命をかけてユダヤ人救う。人道的見地《じんどうてきけんち》からビザ発給」（「神奈川新聞」）

●「戦火《せんか》に咲《さ》いた男の決断《けつだん》。職を賭《と》してユダヤ難民救う。命令に背《そむ》きビザ発給。日本経由の脱出援助《えんじょ》」（「読売新聞」）

●「ユダヤ難民四千人の恩人。ナチスの迫害《はくがい》から守る」（「朝日新聞」）

●「本国訓令《くんれい》に背《そむ》き発行。処分覚悟《しょぶんかくご》、手書きで」（「サンケイ新聞」）

週刊誌《しゅうかんし》も杉原さんの取材《しゅざい》にきました。

さらに一月十八日に、杉原さんはイスラエル政府《せいふ》から、ユダヤ人を迫害《はくがい》から助けたユダヤ人でない人にあたえられる最高の栄誉《えいよ》である「諸国民《しょこくみん》の中の正義《せいぎ》の人」賞《しょう》をもらいました。日本人でこの賞をあたえられたのは、いまのところ杉原さんただ一人です。

このときは、杉原さんは病気で式典《しきてん》に出席できず、かわりに幸子さんと一番上の息子さんが

新聞にのった杉原さんの記事の一部と勲章《くんしょう》（左上）

出席しました。

ベン－ヨハナン大使は、在日イスラエル大使館でおこなわれた授与式《じゅよしき》のときに、こう語りました。

「スギハァラさんは、何千人ものユダヤ難民《なんみん》を助けてくださいました。同胞《どうほう》が体験《たいけん》していた死の恐怖《きょうふ》と死から、彼らを救《すく》ってくださいました。あなたの高貴《こうき》で、勇気《ゆうき》のある行動に対して、わたしたちは、〝諸国民の中の正義の人〟賞を授与します。あなたは、正義の人とよばれるのにふさわしい。

わたしたちは、あなたの名前を永遠《えいえん》にわすれない。深《ふか》い愛《あい》と感謝《かんしゃ》をこめて、ユダヤ民族はあなたによびかける。

――ありがとう、スギハァラ、スギハァラ領事《りょうじ》。」

杉原さんは、取材にきた記者にこういいました。

「わたしは、あのとき、ビザを出したことを誇《ほこ》りにしています。外交官としては問題のある行動でしたが、人間としてはまちがっていなかったと思います。同じ事態《じたい》に直面《ちょくめん》したら、わたしはもう一度、ビザを出すでしょう。

あのときは、だれかが犠牲《ぎせい》にならなければならなかったのです。それでも、わたしが救えたのは、わずかな人数でした。リトアニアだけでも、あのあと十万人以上のユダヤ人がナチスによって殺されました。」

「だれかが犠牲にならなければ」の「だれか」とは、杉原さん自身《じしん》のことです。また、リトアニアには約二十万人のユダヤ人が住んでいましたが、リトアニアに逃《に》げてきたユダヤ系難民もあわせて、ユダヤ人全体の九七％が殺害《さつがい》されたのでした。ソ連に組み込まれていたリトアニアは、一九四一年、今度はナチス・ドイツに攻め込まれたのです。

リトアニアで生きのこったあるユダヤ人は、こういっています。「わたしは、リトアニアの生きのこりです。わたしの父と母と、おじとおばと、十五歳《さい》の弟と十三歳の妹は、ナチスに殺されました。ナチスは、ユダヤ人を殺すとき、家畜《かちく》を殺すように、ナタをふりあげました。」

そして、じつは、杉原さんの必死《ひっし》の努力にもかかわらず、ビザをもらったユダヤ人のすべてが日本に脱出《だっしゅつ》できたわけではありませんでした。

ソ連は、ソ連国内を通るユダヤ人たちに、シベリア鉄道《てつどう》の汽車賃《きしゃちん》を、さきに払《はら》うようにと命じました。お金のないものには、シベリア鉄道を使わせないというのです。さらに、旅費《りょひ》は、米《べい》ドル（アメリカの通貨《つうか》）で二〇〇ドルを、ソ連の国営旅行社《こくえいりょこうしゃ》イン・ツーリストに払いなさいと要求《ようきゅう》しました。

なみたいていのお金ではありません。

当時、一ドルは日本円にかんさんすると四円二〇銭《せん》（一円は百銭）でした。だから二〇〇ドルは八四〇円になります。でも、ほんらい、ソ連の鉄道運賃《うんちん》は六六円ですみます。六六円のところを、八四〇円要求したわけです。ソ連政府がユダヤ人ひとりひとりに求めた汽車賃は、法《ほう》外《がい》なものだとわかります。

このことを聞いたアメリカのユダヤ人たちが、いそいでお金をあつめて約十万ドル用意してくれましたが、それでもまだたりませんでした。

そのため、子どもひとりだけしか日本に行かせられない家族も出ました。

第二次世界大戦後はイスラエルでくらしたシュマリアフ・ガンデンさんは、家族の中でひとりだけ生きのこった子どもでした。

「わたしの家は九人家族でしたが、七人兄弟《きょうだい》の末《すえ》っ子のわたしだけ逃がすことを両親が決めました。

モスクワ行きの列車《れっしゃ》が動きだそうとしたとき、母が汽車の窓《まど》にすがりつきました。わたしは、窓から身をのりだして母の手をにぎろうとしましたが、列車はぎゅうぎゅうづめの満員《まんいん》です。身動《みうご》きもできません。母の目とわたしの目があいました。母はわずかにうなずき、まわりの人の視線《しせん》にえんりょしたのか、胸《むね》のあたりのところで小さく手をふりました。

それが、母とのさいごのわかれでした。

今でもはっきりおぼえています。えんりょがちに、わたしにむかって手をふろうとした母のすがたが、まぶたにうかんできます。

のこった母親と兄弟たちは、そのあとリトアニアにせめこんできたナチス・ドイツ軍にとらえられて、森の中で銃殺《じゅうさつ》されました。」


悲劇《ひげき》は、日本でもありました。

それは、ユダヤ人たちをむかえた、キリスト教徒《きょうと》のホーリネス教団《きょうだん》の人びとの上にふりかかりました。

ホーリネス教団の瀬戸四郎牧師《せとしろうぼくし》は、神戸《こうべ》のユダヤ人協会からたのまれて、日本政府とユダヤ人難民の仲介役《ちゅうかい》を引き受けました。瀬戸牧師は、もと外国航路《こうろ》の船長で、語学の才能に恵《めぐ》まれていました。交渉《こうしょう》役にはうってつけです。

瀬戸牧師は、同僚《どうりょう》の箱島登《はこしまのぼる》、松原金吾《まつばらきんご》たちとともに、難民が到着《とうちゃく》する敦賀《つるが》に出むきました。

敦賀についたユダヤ人たちに、宿《やど》のせわをしたのは、牧場主《ぼくじょうぬし》の一宮政吉《いちのみやせいきち》という人でした。

彼は神戸の六甲山《ろっこうさん》のふもとに別荘《べっそう》をもっていました。この別荘は、関西学院《かんせいがくいん》の創立者《そうりつしゃ》W・R・ランバスから買いとったもので、ここが難民の宿舎《しゅくしゃ》になりました。

日本に来たユダヤ人（神戸にて）

その後、一部のユダヤ人たちは横浜《よこはま》へ行き、そこからアメリカ方面へ渡《わた》り、べつのユダヤ人たちは神戸から上海《シャンハイ》へ行ったりしました。

しかし、日本の世の中は、さまざまな思想に対するしめつけが、しだいに強まっていきました。

治安維持法《ちあんいじほう》が一九四一年三月に改正され、その年の一二月に日本がアメリカと戦争をはじめると、キリスト教は敵《てき》の国の宗教《しゅうきょう》であり、当時の日本の国のあり方とはあわないものとされていきました。ホーリネス教団の人びとの考え方や行動は、警察《けいさつ》に怪《あや》しまれ、憲兵隊《けんぺいたい》にかぎつけられました。

一九四二年六月、警察はホーリネス教団に捜《そう》査《さ》と弾圧《だんあつ》の手をのばしました。教団二代目監督《かんとく》の森《もり》五郎《ごろう》は中国でとらえられ、上海でユダヤ人難民を助けていたことを特別高等警察《とくべつこうとうけいさつ》から責《せ》められました。二百人以上の牧師がつかまり、なかにはとらわれたまま牢《ろう》の中で死ぬ人もありました。弾圧はさらに全国の二万人の信者の上におよび、ついにホーリネス教団に解散《かいさん》命令が出されました。

イスラエルにいたあるユダヤ人は、このホーリネス教団の人びとについて、こう話してくれました。

「わたしたちをのせた船が、港をはなれようとしていました。行き先は上海です。波止場《はとば》に日本人が集まってきました。ホーリネスの人たちです。彼らは、運んできた木箱《きばこ》をこわすと、中から赤いまるいものをとりだしました。

リンゴでした。

リンゴが、わたしたちをめがけてとんできました。彼らは、リンゴでわたしたちを〝殺そう〟としたのです。そして、わたしたちはリンゴで〝殺された〟のです。この意味がわかりますか？　ナチス・ドイツが、何百万もの兵隊や、戦車や飛行機を使ってできなかったこと――ユダヤ人の心をうばうということ――を、彼らは赤いリンゴで成功《せいこう》しました。

航海の無事《ぶじ》をいのって、つぎつぎに船に投げこまれる愛のリンゴに、わたしたちの心は破裂《はれつ》し、爆発《ばくはつ》しました。

リンゴの木の下で
わたしは　あなたを
よびさました（『旧約聖書《きゅうやくせいしょ》』の「雅歌《がか》」第八章五節の詩。）

愛をよびさましたのは、ホーリネスの人びと、愛をよびさまされたのは、ユダヤ人たちでした。

わたしたちはリンゴを胸《むね》にだきしめて、遠ざかっていく日本の港を、ホーリネスの人びとを、見つめていました。」

ぼくは、この本を書くまでに、いろいろなユダヤ人に会いました。そして、思いがけない話を知りました。ホーリネスの人びとのこともそうです。ユダヤ人の救出につくしたこの教団の人びとが弾圧されつぶされてしまったことを知ったときは、ことばが出ませんでした。

書きとめておきたいことが、もうひとつあります。やはり、ぼくが会ったあるユダヤ人が話してくれたことです。

杉原さん一家が、カウナスを去るときの様子は、前にお話ししましたね。杉原さんは、駅《えき》で汽車が発車するまぎわまで、ユダヤ人のために「渡航証明書《とこうしょうめいしょ》」を書きつづけました。そして、汽車が動きだすと、ユダヤ人たちにあいさつして去っていきました。

ぼくが会ったそのユダヤ人は、ビザを出してもらったあと、すぐに国外へ脱出しないでカウナスにとどまっていたというのです。

「わたしは、スギハァラさんと家族の人たちが、リトアニアを去った二日あとに、ソ連に脱出しました。」

「どうしてすぐに脱出しなかったのですか。」

ぼくはたずねました。

「ビザが発給されてから、スギハァラさんの一家が国外に出るまで、わたしたちは、スギハァラさんと一家を守っていたのです。スギハァラさん一家に危害《きがい》を加えようとする者がいたら、すぐとびだしていって、守ろう。そういうユダヤ人のグループができていたのです。

わたしたちは、さとられないように、ものかげから、スギハァラさんたちを見守っていました。カウナスの駅でも、わたしたちの仲間《なかま》は、列車を遠《とお》まきにしていました。同じ列車に乗《の》りこんで、守っている仲間もいましたよ。もちろん、スギハァラさんたちにはわからないように、です。

スギハァラさんがぶじにリトアニアを出たとはっきりわかったとき、わたしや仲間は脱出することにしました。」

ぼくは、すっかりおどろいて、そのユダヤ人の顔をまじまじと見つめました。

「そんなことが、あったのですか！」

ぼくは、そういったきり、しばらくことばが出ませんでした。

ぼくは、ユダヤ人難民でごったがえすカウナス駅を想像しました。杉原さんが、必死《ひっし》になって渡航証明書を書いて、ユダヤ人に手わたす様子や、それらのいちぶしじゅうをものかげから鋭《するど》く見守り、怪《あや》しい人間が杉原さんに近づこうとしたら、とびだしていって杉原さんを守ろうとしている何人かの人びと——。

ぼくは、杉原さんが何者《なにもの》かにねらわれるなんて思ってもみなかったのです。しかし考えてみれば、たとえばソ連の秘密警察《ひみつけいさつ》やナチスのスパイが、目を付けているユダヤ人を救おうとする杉原さんに危害《きがい》を加えることだって、ありえたわけです。ぼくは、そのユダヤ人の話を聞いたときに、杉原さんがほんとうに危険《きけん》に身をさらしていたことが、よくわかりました。

7 会《かい》議《ぎ》

ぼくが、第二次世界大戦のとき日本にきたユダヤ人難民《なんみん》について調べていると、友人たちがときどき貴重《きちょう》な情報や資料を教えてくれました。意見やアドバイスもありました。

ある日、Aさんが電話をかけてきました。

「きみ、ゴショウカイギのこと知ってた?」

「え?　知らない。どういう字を書くの?」

「ゴショウは、五人の大臣《だいじん》のことで五相《ごしょう》、その会議《かいぎ》ということだよ。」

「ははあ、五相会議ね。知らないな。」

「ぼくも、ぐうぜん見つけたんだよ。今読んでる本でね。それによると、一九三八年十二月六日の五相会議で、ユダヤ人に対《たい》する政府《せいふ》の方針《ほうしん》がきめられたんだ。」

「一九三八年といえば、『水晶の夜《クリスタルナハト》』があった年だね。」

「そうだよ。」

「そのころの日本政府は近衛内閣《このえないかく》だな。」

「そう。そのときの五人の大臣、陸軍《りくぐん》・海軍《かいぐん》・外務省《がいむしょう》・内務《ないむ》省、それと大蔵省《おおくら》（注・いまの財《ざい》務《む》省）のそれぞれの大臣による会議で、議長は首相《しゅしょう》だ。そのメモを、あとで送ってあげる。」

「ありがとう。」


送られてきたAさんのメモを、わかりやすく整理してみました。

「ユダヤ人に対する基本方針」（Aさんのメモには「対猶基本方針《たいゆきほんほうしん》」とありました。猶《ゆ》は、ユダヤのあて字「猶太《ゆだ》」の略《りゃく》です。）

①今、日本や「満州《まんしゅう》」や中国にいるユダヤ人に対しては、ほかの国の人びとと同じように公正にあつかい、ユダヤ人だからといって、のけものにはしない。
②これから新しく日本、「満州」、中国にやってくるユダヤ人に対しては、外国人入国取締《とりしま》りの規則《きそく》に従って、公正にあつかう。
③日本、「満州」、中国に、こちらからすすんでユダヤ人を招《まね》いたりすることはしない。ただ

し、資本家《しほんか》や技術者《ぎじゅつしゃ》のように利用価値《りようかち》のある者はべつとする。

ぼくはちょっと意外《いがい》な感《かん》じがしました。

ナチス・ドイツと一九三六年に日独防共協定《にちどくぼうきょうきょうてい》を結んだりするつきあいがあったてまえ、日本政府もユダヤ人に対してきびしい政策をとるかと思っていたのですが、ずいぶんとおだやかな内容《ないよう》です。

じっさい、日本政府がナチス・ドイツから、ユダヤ人のあつかいについて抗議《こうぎ》を受けたことがありました。

杉原さんがビザを発給《はっきゅう》するよりも前のことですが、「満州国《まんしゅうこく》」の特務《とくむ》機関にいた樋口季一郎《ひぐちきいちろう》という日本陸軍の軍人が、ユダヤ人たちを助けたことがありました。

樋口は、ソ連と「満州国」の国境《こっきょう》近くで死にかけていたユダヤ人たちのために、救援列車《きゅうえんれっしゃ》をしたてて助けたのでした。一九三八年三月のことです。

ところが、このユダヤ人救助《きゅうじょ》に対して、ナチス・ドイツのリッベントロップ外務大臣が日本政府にげんじゅうな抗議《こうぎ》をしてきたのです。

「なぜ日本とドイツの、国際友好の精神《せいしん》に反《はん》して、ユダヤ人たちを助けたりしたのか。」

日本側はおどろきました。すぐ関東軍《かんとうぐん》の東条英機《とうじょうひでき》参謀長《さんぼうちょう》が、樋口を関東軍の本部に呼《よ》びつけて、とり調べるというさわぎになりました。関東軍は、「満州国」にいた日本の陸軍の戦闘《せんとう》部隊です。

東条は、のちに首相になって、日本をアメリカとの戦争へみちびいていく軍人《ぐんじん》です。彼は陸軍ずい一《いち》の実力者です。

しかし樋口は東条にきっぱりといいました。

「日本には日本の方針があります。自分はナチスのやりかたに賛成《さんせい》できません。」

日本の軍人や政治家の中にも、ナチス・ドイツに反対する人びとがいたのです。

石井菊次郎《いしいきくじろう》という人は、国の重要な問題について天皇《てんのう》の相談相手《そうだんあいて》になる機関《きかん》「枢密院《すうみついん》」の顧《こ》問《もん》でしたが、もとは外交官《がいこうかん》で外務大臣もしたことがあります。彼は、一九四〇年九月二十六日の枢密院本会議《ほんかいぎ》で、つぎのようにいっています。

「ナチス・ドイツは、もっとも悪《わる》い同盟国《どうめいこく》です。ドイツと同盟をむすんだ国は、すべて災難《さいなん》を受けています。ヒトラーは、日本と対ソ条約《じょうやく》（防共協定）をむすんでいるのに、べつの手で、ドイツ・ソ連不可侵《ふかしん》条約をむすびました。このように、彼は、国と国とのあいだの約束《やくそく》など、平気《へいき》で破《やぶ》る人物《じんぶつ》です。」

この当時の日本政府は、近衛文麿《ふみまろ》首相の第二次近衛内閣でした。近衛首相は軍部《ぐんぶ》のやりかたに反感《はんかん》を持ちながらも、けっきょくは、軍部の勢《いきお》いに引きずられました。それに外務省の長《ちょう》である外務大臣は、ナチス・ドイツと仲良《なかよ》くしようと考える松岡洋右《まつおかようすけ》でした。

さきにあげた枢密院本会議の翌日《よくじつ》、九月二十七日に、日本は、「日独伊三国同盟《にちどくいさんごくどうめい》」をむすびました。樋口が東条に堂《どう》どうとナチス反対をいえたころとは変わって、軍部はもっとナチス寄《よ》りになっていきました。

杉原さんのビザ発給は、まさにこの日独伊三国同盟の直前《ちょくぜん》です。これから同盟をむすぼうとする相手にまっこうから立ちむかうような行動《こうどう》は好《この》ましいとは思えません。

しかし、政府の方針がしだいにナチス・ドイツ寄りにかたむいていく中で、一九三八年十二月の五相会議で決められたユダヤ人に対する政策《せいさく》は、ナチスとはかなり距離《きょり》を置いているようです。

ぼくはAさんに、お礼《れい》の電話をしたとき、そのことをいってみました。

「メモをありがとう。でも、意外な感じがした。もっとひどい内容かと思ってたから。」

「もうひとつ意外なことがあるよ。提案《ていあん》したのは板垣征四郎《いたがきせいしろう》陸軍大臣だったそうだ。」

「えっ、彼は満州事変《じへん》をおこして中国侵略《しんりゃく》の責任者《せきにんしゃ》とされた軍人だよ。日本の敗戦後《はいせんご》、連合《れんごう》国《こく》の国際裁判《こくさいさいばん》でA級戦犯《せんぱん》にされて、絞首刑《こうしゅけい》になった。ナチス・ドイツとのむすびつきをすすめているときに、陸軍の軍人が、どうして、わりあいゆるやかな方針を提案したのかな。」

「ぼくにも、わからないよ。調べてみたらどうだい。」

ぼくは、Aさんのメモがきっかけで、このことを調べてみました。

すると、一九三九年もおしつまった十二月二十六日、杉原さんがリトアニアに着任《ちゃくにん》した約四か月後、つまり、先にあげた五相会議の一年後に、「ユダヤ人問題委員会《もんだいいいんかい》」がひらかれていることがわかりました。

ところは外務省の調査三課会議室《ちょうささんかかいぎしつ》。出席したのは、内務省・陸軍・海軍のユダヤ人問題の専門家《せんもんか》たちと、外務省の調査部の幹部《かんぶ》たちです。

その会議では、つぎのような内容のことが確かめられ、文書《ぶんしょ》としてのこされています。

「ユダヤ人のとりあつかいについての基本《きほん》となる考えかたは、去年の十二月六日の会議で話しあわれたとおり、彼らを差別しないとしても『ユダヤ人をすすんで日本や満州にまねくようなことはやめる』と決定した。陸軍も海軍も、この決定《けってい》をかたく守《まも》るものとする。」

もうひとつ、重要な文書がありました。「ユダヤ人問題委員会」が一九四一年に五相会議に提出《ていしゅつ》した書類です。

「これまでのような極東《きょくとう》の地域《ちいき》に住んでいるユダヤ民族《みんぞく》を助けるような『たとえば、われわれが指導《しどう》してユダヤ人大会をひらくような』すべての計画《けいかく》をやめる。」

「だから、ユダヤ人を利用して、アメリカとの関係の行きづまりを打開《だかい》しようなどとは、われわれは決して期待《きたい》しない。」

ぼくは、ユダヤ人に対してすすんで助けるようなことはしないが、ユダヤ人だからといってひどい目にあわせるようなこともしないという政府の方針があったことを知りました。

つまり、ユダヤ人のためになるようなことをすすんでやるようなことはしない。けれどもナチス・ドイツのユダヤ人政策に従《したが》うこともしない、という性質の方針です。

しかし、「ユダヤ人を利用して、アメリカとの関係の行きづまりを打開しようなどとは、われわれは決して期待しない」とは、どういうことでしょうか。わざわざこういうからには、一度は〝期待〟したことがあるということではありませんか。

ぼくは、また、いろいろ調べてみました。すると、またひとつ意外なことがわかりました。

そこで、ぼくはAさんに知らせてあげようと思い、電話をかけました。

「Aさん、ひとつわかったことがあるよ。近衛首相をはじめ、一部の人びとに、『満州国』にユダヤ人の自治国《じちこく》をつくろうという考えもあったそうだ。実現《じつげん》はしなかったけれどね。」

「へえ、どうしてそんなにユダヤ人を助けようとしたのかな。ユダヤ人にはみょうに親切《しんせつ》なんだなあ。」

「いや、それが、どうも日本の指導者たちは、アメリカと日本の仲《なか》がどんどん悪くなっていくので、それをなおそうとして、ユダヤ人に話しあいをとりもってもらおうとしたようだ。利用しようとしたんだ。」

「そうか、ユダヤ人はアメリカにたくさんいるし、大実業家《だいじつぎょうか》や大銀行家《だいぎんこうか》といった人も多いから、アメリカ政府は、ユダヤ人があいだに立つといえば、無視《むし》できないだろうね。ユダヤ人が日本に協力《きょうりょく》してくれれば、日本とアメリカの戦争《せんそう》はさけられたんだろうか……。」

「いや、なんともいえない。でもこれだけはいえるよ。ユダヤ人を皆殺《みなごろ》しにしようとするナチス・ドイツと手をむすんだ日本政府が、どうしてユダヤ人に手をかしてくれとたのめるものか。そんな考えかたは成《な》り立《た》つはずがないでしょう。実現《じつげん》しないさ。」

「そうだね。ところで、ぼくは中国の上海《シャンハイ》にユダヤ人難民《なんみん》の社会があったことを、ある人に聞いたんだよ。」

「えっ、上海に？　いつごろできたの？」

「ナチスがユダヤ人の迫害《はくがい》をはじめたころに、ドイツにいたユダヤ人たちが、フランスやイタリアの港からイタリアや日本の船にのって、スエズ運河《うんが》をへて上海へ逃《に》げたんだ。第二次世界大戦がはじまってからは、きみが調べたポーランドのユダヤ人難民の一部の人たちが、シベリア鉄道の支線《しせん》でソ連と中国の国境のところから中国へ入り、上海にたどりついた。上海のユダヤ人社会には約二万五千人の難民がいたというよ。

「上海は、いろいろな国の人びとが集まっている国際都市《こくさいとし》だったから、ユダヤ人難民も受け入れられたのだろうね。」

「それから、ナチスの迫害でユダヤ人難民が出る前から、中国東北部の都市ハルビンには、ユダヤ人が住める居留地《きょりゅうち》ができていて、ユダヤ人の〝民団《みんだん》〟の組織もあった。だから、ポーランドのユダヤ人難民たちも、見知らぬ東洋《とうよう》のはずれに向かって出発するときに、そのことは気持ちのよりどころになっていたと思うな。」

ハルビンはかつて杉原さんがいたところでもあります。

ぼくは、ユダヤ人の社会というと、ついヨーロッパやアメリカのこととして考え、日本や中国とむすびつけて考えてこなかったので、Aさんの話は新鮮《しんせん》でした。

8 黄金《おうごん》のエルサレム

ぼくは、日本にやってきたユダヤ人難民《なんみん》の人たちにじかに会って話が聞きたくなりました。そのために、イスラエルへ行こうと決意《けつい》しました。一九八八年のことです。

イスラエル国《こく》は、正式には「メディナット・イスラエル」といいます。南部には砂漠《さばく》があるいっぽうで、北部には森林もあります。標高《ひょうこう》は、高さ二八〇〇メートルのヘルモン山から海抜《ばつ》マイナス四〇〇メートルの死海《しかい》まであります。人口は、二〇一七年の時点で約八七〇万人、そのうち七五%の約六五〇万人がユダヤ系《けい》です。

ユダヤ人にとって、イスラエルの地は『旧約聖書《きゅうやくせいしょ》』に記《しる》された「約束《やくそく》の地《ち》」でした。祖国《そこく》を失《うしな》い、異郷《いきょう》で生きてきた長い歴史のなかで、いつの日か「約束の地」に自分たちの国を建《けん》国《こく》することは、彼らの長年の悲願《ひがん》でした。

しかし、一九四八年に国がつくられたときから、イスラエルはパレスチナのアラブ人と戦争《せんそう》になり、このときも軍事《ぐんじ》衝突《しょうとつ》がつづいていました。そのため、ぼくは、パリのド・ゴール空《くう》港《こう》でイスラエル行きの飛行機《ひこうき》に乗《の》ろうとしたとき、厳重《げんじゅう》に調べられました。

受けつけには、目についただけでも五人のフランス人の警官《けいかん》が、自動小銃《しょうじゅう》を肩《かた》からつるして立っていました。ぼくはまず三人の警官に持ちものの検査《けんさ》をされました。つぎの別室《べっしつ》には、四人の警官が乗客を待《ま》っていました。さらに飛行機に乗る前に、三人の警官にもう一度、荷物《にもつ》の中を調べられ、飛行機に入るまぎわに、四人の警官から最後の検査を受けました。

このときに渡航《とこう》にかかった時間は、まだ直行便《ちょっこうびん》がなかったので、日本からパリまで、飛行機で十二時間、パリからイスラエルまで四時間半。パリでの一泊や、乗りつぎの待《ま》ち時間も入れれば、合計三十二時間の旅でした。

国道《こくどう》にそって、豊かな森がありました。樹齢《じゅれい》は四十年。イスラエルの国と同じ年齢《ねんれい》でした。この森の木は、イスラエルがつくられたときに植《う》えられたからです。でも木のないところは、中東《ちゅうとう》どくとくの石灰岩《せっかいがん》におおわれた大地《だいち》です。しかし、イスラエルは、てっきり砂漠ばかりだと思っていたぼくは、空から見たイスラエルの森や農地《のうち》の緑《みどり》に、意外《いがい》な印象《いんしょう》を受けたので

イスラエルの農地

エルサレム風景

した。

地上に立つと、南のネゲブ砂漠からふいてくる熱風《ねっぷう》に、ぼくはたじろぎました。

〈まるで、目玉までかわいてしまいそうだな！〉

シェルートという乗りあいタクシーを待っていると、すこし頭がいたくなり、気分が悪《わる》くなって、げんなりしました。通りがかりのユダヤ人が、ぼくのようすを見て、声をかけてくれました。

「旅行者《りょこうしゃ》だね。気分がよくないのか？」

「頭がいたいのです。」

「頭がいたい？　すぐ水を飲《の》みなさい。」

「ええ、ありがとう……。」

「ここでは、頭痛《ずつう》は、脱水《だっすい》状態のはじまりなんだよ。全身の皮《ひ》ふから汗《あせ》が蒸発《じょうはつ》してしまうので、のどがかわいたと感じるよりさきに、体中から水分がぬけてしまうんだ。」

「はあ、そうなんですか。」

「気候になれていない旅行者がやられてしまう。」

その人はきれいな英語で話しました。ぼくは、お礼《れい》をいってすぐ水を飲み、回復《かいふく》することができました。

このときぼくがイスラエルに行ったのは、七月でした。この時期、イスラエルでは雨ガサがいりません。五月から十月までの六か月間、ここでは一てきの雨もふらないのです。だから、テレビの天気予報《よほう》は、日本のようにくわしくありません。

「あしたも暑《あつ》くなるでしょう。シャローム（じゃあ、また）。」

まったくかんたんです。よっぽど暑くなりそうな日の放送はつぎのとおりです。

「きょうはコップに水を十五はい飲んでください。」

「きょうは十五はい以上飲んでください。」

気温がセ氏三十五度ちかくあっても、湿度《しつど》がほとんどないので、汗《あせ》をかきません。イスラエルでは、人のはだにさわるとひんやりします。人の体がクーラーのように熱を発散《はっさん》させて、体温をさげてしまうからです。

ハムシーンとよばれる熱風が砂漠からふきはじめると、気温が急にどんどんあがります。

五月のある日、ハムシーンのため、海ぞいにあるテルアビブ市では、気温がセ氏四十八度にもなりました。この町は、地中海《ちちゅうかい》から逆風《ぎゃくふう》がふくため、湿度が高いことでも知られています。四十八度の気温と高い湿度では、どうなるでしょうか。

日本では冬のふろの温度だって四十度前後です。四十八度は温水《おんすい》プールの高温室の温度なのです。あくる日の新聞に、池《いけ》に浮《う》いた魚の写真がのりました。写真の説明《せつめい》はこうです。

「天然《てんねん》の魚のから揚《あ》げはいかが。」

イスラエルは、砂漠の中の国ですが、緑がいっぱいあります。

独立公園《どくりつこうえん》には、南の国の花がさいています。糸杉《いとすぎ》や赤松《あかまつ》の木もはえています。こずえには小《こ》鳥《とり》が巣《す》をつくっています。

芝生《しばふ》のあちこちにスプリンクラーがあり、きまった時間ごとに、二十メートル四方《しほう》へ水をまきます。スプリンクラーでとどかないところには、パイプラインが縦横《じゅうおう》に走っています。黒いパイプのところどころにゴムの輪《わ》がはめられていますが、このゴムの輪は温度がある一定のところをこえるとふくらんで、パイプの中の水が流れだすしくみになっています。

水は、北部のガリラヤ湖《こ》から、砂漠の下にうめられたふとい送水管《そうすいかん》で送られてきます。ユダヤ人は植物をだいじにしています。散水《さんすい》をやめると、植物は黄色く変わってしまいます。

ぼくは、イスラエルで何人かのユダヤ人に会いましたが、彼《かれ》らの語学力につくづく感心してしまいました。ぼくができる外国語は英語だけですが、ユダヤ人にはひとりで何か国語も話す人がたくさんいるのです。

ぼくは、ラビとよばれるユダヤ教の律法学者《りっぽうがくしゃ》（はやくいうとユダヤ教《きょう》の教師《きょうし》）に、何か国語を話せるかたずねてみました。

「わたしが話せることばは、ヘブル語にイーディッシュ語。ヘブル語は、ユダヤ人のことば、イーディッシュ語は東ヨーロッパのことばです。そのほかに、英語、ドイツ語、ポーランド語、ロシア語、それにフランス語です。」

ぼくは、こんどはある大学教授《きょうじゅ》に聞いてみました。

すると、はずかしそうに答えました。

「わたしは、博士号《はくしごう》をとるためひとつの勉強に集中していたため、たくさんのことばを話せないのですよ。」

でも、ぼくに資料を説明してくれたときには、ヘブル語、イーディッシュ語、ドイツ語、ロシア語のそれぞれの資料《しりょう》をつぎつぎに英語に訳《やく》して話してくれましたし、彼が読めないといったのはポーランド語の資料だけでした。

もうひとりのラビに聞いてみました。

「わたしは、ヘブル語、イーディッシュ語のほかには、ドイツ語、ロシア語、フランス語、チェコ語、英語が使えます。」

エルサレムにあるユダヤ教徒の聖地「嘆《なげ》きの壁《かべ》」

ラビはそう英語で答え、自分で書いた英語の本とヘブル語の本を見せてくれました。

ぼくはエルサレムを歩きました。

イスラエルの首都《しゅと》エルサレムは、ユダヤ教《きょう》徒《と》の聖地《せいち》であるとともに、キリスト教徒とイスラム教徒の聖地でもあるという、どくとくの歴《れき》史《し》と性格《せいかく》をもった都市《とし》です。

ユダヤ人はこの聖地を「イェルシャライム・シェルザハブ」（黄金《おうごん》のエルサレム）とよんでいます。

じっさい、ぼくが東のオリーブ山からエルサレムをながめたときには、その城壁《じょうへき》が朝日をあびて黄金色《こがねいろ》にかがやいていました。夕方、こんどはスコープ山から見おろすと、都《みやこ》は赤銅《しゃくどう》色にかがやいていました。

ハムシーンがふくと、砂漠で舞《ま》いあがった砂が都の高い空をおおって、空全体がわずかにうすい金色《きんいろ》をおびてきます。

ぼくは、エルサレムでひとりのユダヤ人にたずねました。

「あなたの少年時代は、幸《しあわ》せでしたか?」

「わたしはオーストリアのウィーンの出身《しゅっしん》です。わたしが子どものころは、ユダヤ人に対《たい》する差別《さべつ》がひどくなった時代でした。

わたしは公立《こうりつ》の小学校に入ったのですが、そこでわたしはユダヤ人だという理由《りゆう》で、しばしばクラスで立たされたものです。

わたしはクラスのみんなの前で『わたしは〝キリスト殺《ごろ》し〟のユダヤ人です。わたしは悪《わる》いユダヤ人です。ごめんなさい』とあやまらせられました。」

ぼくは、ナフタリ・グリンシュパンという人の話を聞きました。グリンシュパンさんは、杉原さんのビザを持っていました。彼は、日本へ来たリトアニア脱出組《だっしゅつぐみ》のひとりでした。

「わたしは、イスラエル以外に行くところがなかったのです。」

グリンシュパンさんはそういいました。

ラファエル・ベンナターンさんも、やはり杉原さんのビザで日本へ脱出した人でした。

「わたしは、あとでイスラエルの国防大臣《こくぼう》になったダヤンといっしょに、ビシー政権《せいけん》のペタン元帥《げんすい》——あのナチスと手をむすんだフランスの将軍《しょうぐん》の軍隊《ぐんたい》と戦《たたか》いましたよ。

第二次世界大戦《たいせん》中、迫害《はくがい》から逃《のが》れてヨーロッパを脱出し、パレスチナの地にわたったユダヤ人たちの多くは、ヨーロッパにまたもどりました。

どうして？　ヨーロッパで苦しんでいるユダヤ人の同胞《どうほう》を救うためです。みんなつぎつぎに連合国《れんごうこく》の軍隊《ぐんたい》——多くはイギリス軍でしたが——に志願《しがん》しました。そして、ナチス・ドイツの軍隊と直接《ちょくせつ》戦ったのです。」

連合軍に参加《さんか》したユダヤ人は、百五十万人にのぼったそうです。そのうち何パーセントかの人びとは、杉原さんのビザに救《すく》われたリトアニア脱出組でした。

ぼくは、つぎにヤコブ・リーアンさんに会いました。彼は杉原さんをよくおぼえていました。

「わたしは、十六歳のころまでポーランドにいました。ラビになるための勉強をしていたときです。一九三九年九月、ナチス・ドイツがポーランドにせめこんできたとき、師《し》はわたしに、リトアニアへ逃《に》げなさいと命《めい》じられました。

わたしは、両足《りょうあし》に障《しょう》がいがありました。結核《けっかく》という病気にかかって、足がひどく弱っていたのです。わたしのあわれなすがたを見て、杉原領事《りょうじ》は、『わたしに何かしてほしいのですか？』とたずねました。彼の声は、高くよくひびきました。

そのころのわたしの写真を見てください。ほら、髪《かみ》の毛が病気のためにすっかりぬけおちてるでしょう。両側のびんだけのこってる。そのくせ、もじゃもじゃの太いまゆ。そして栄養失調《えいようしっちょう》のためくぼんだほほ。それに、われながら異様《いよう》な目です。」

リーアンさんは、

「ミスター・スギハァラ……。」

といったとたん、声がつまりました。

「ちょっと待《ま》ってください。」

リーアンさんは、ハンカチを目にあてました。涙《なみだ》がもりあがるように見えました。

「わたしは、キュラソー行きのビザはもっていませんでした。ただアメリカの領事《りょうじ》から『日本にビザをとどけておく』といわれていました。そのアメリカの領事は、とっくにリトアニアから逃《に》げ出していました。

スギハァラさんは『日本でアメリカ合衆国《がっしゅうこく》のビザがもらえるんですね。日本まで行けば、だいじょうぶなのですね』と念《ねん》を押《お》すと、わたしのことばを信じてビザを出してくれました。

日本がアメリカと戦争をはじめたときも、わたしは日本人をにくむ気になれませんでした。日本に着《つ》いたとき、わたしはおなかがペコペコでした。それで、日本人からタマゴを二個《こ》買いました。わたしが両手《りょうて》にタマゴをもって歩いていると、『きみ、そのタマゴをどこで買った?』とたずねた日本人がありました。

『かどのお店で買いました。』

『いくら払《はら》ったかね?』

わたしは金額《きんがく》をいいました。

『そうか。わたしといっしょに来なさい。』

そういうと、その日本人は、わたしを連《つ》れてその店に行き、『おやじさん、こんなことをしちゃあいけないな。相手《あいて》が外国人だからって、ツリ銭《せん》をごまかしただろう』といっておこりました。

それから、彼はわたしに『お金はいくらあるか』とたずね、わたしが全額を手のひらにのせて見せると、近所《きんじょ》の店の地図《ちず》を書いてわたしにくれました。それからわたしを連れて店をまわって歩き『この外人は、あまりお金をもっていないから、安く売ってやってください』とたのんでくれたのです。

彼は、外国人のスパイをとりしまるとくべつな警察官《けいさつかん》でしたが、わたしたちのことを心から心配《しんぱい》していました。

スギハァラさんのことですか？

わたしは、彼は神からつかわされたかただと思います。彼のビザの発給は、はやすぎてもおそすぎても役に立たなかったでしょう。まさに、あのしゅんかん、一九四〇年の夏だけに有効《ゆうこう》に働くものでした。

ビザをいただきながら急いで使わなかった人たちは、けっきょくリトアニアから脱出できませんでした。杉原さんのビザの発給は、あまりにもタイミングがよすぎます。わたし自身《じしん》が体験《たいけん》したのでなければ、できすぎた話としか思わないでしょうね。

こんなことがありましたよ。ウラジオストックから日本の客船《きゃくせん》に乗るときです。わたしが日本人の役人《やくにん》に杉原さんのビザを見せたあと、つぎのわたしの友人の番になりました。役人が『ビザを見せなさい』と彼に命《めい》じたとき、とっ風《ぷう》がふいて彼の手からビザをうばいとりました。あれよあれよというまに、彼のビザは、船の外に飛《と》んでいってしまいました。彼は『あれが、わたしのビザです。わたしも杉原領事から日本の通過《つうか》ビザをもらいました』といいました。しかし、日本人の役人は『おまえの手を見せろ。なんにももっていないじゃないか。風にビザを飛ばされたと？　笑わせるんじゃない』と毒《どく》づきました。ウラジオストックはソ連領《れんりょう》ですが、ソ連政府《せいふ》は難民《なんみん》の引きわたしをここでやっていたので、日本の役人がいつもここへ出張《しゅっちょう》してきていました。最後のチェックは彼らがしました。彼らが『ノー』といった人は、日本に入れません。

『おまえのビザはどこにある！　ビザがないから、おまえは日本には入れないぞ。船からおりろ！』とわたしの友人は役人にこづかれました。今ごろビザは波《なみ》の上か海の底《そこ》だろうと思って、わたしは胸《むね》が痛《いた》くなりました。

友人がふるえながら両手を役人の前にさしだしたとき、また風がふきました。なんと、ビザがまた彼の手の上にもどってきたんですよ！　彼はにっこりして『わたしのビザはここにあります』といいました。

なぜ、あなたは笑《わら》うんですか？　でもほんとうにおかしいですよ、ね。日本人の役人も大笑いしました。『きみの正直《しょうじき》さはわかった。はやく船に乗りなさい』といって、彼の肩《かた》をたたきました。

なにもかもが奇跡《きせき》でした。

杉原さんが一九四〇年にリトアニアにいたこと。ソ連政府が、彼に自由にビザを出させたこと――それと、日本政府・ソ連政府・ドイツ政府の三つの国家からの圧力《あつりょく》にも負けずに、彼がビザを出しつづけたこと。奇跡でした。

彼はどうしてもリトアニアにこなければならなかったのです。リトアニアで愛《あい》の奇跡をおこなうように選《えら》ばれていたのです。ですからスギハァラさんは、イスラエルの国では、『異邦《いほう》の民《たみ》の中の聖なる人』とよばれています。

わたしは、ポーランドから『トーラー』――『聖書《せいしょ》』の一部ですが――をもって出るように師から命じられていました。『トーラー』は聖なる巻《ま》き物《もの》で、じかに地面においてはいけない規則《きそく》になっています。それでわたしは『トーラー』を胸《むね》にしっかりだいて、シベリアを横断《おうだん》しました。これも奇跡です。身体検査《けんさ》に一度も引っかからなかったのですからね。

わたしは日本からアメリカに渡《わた》り、さらにカナダへ行き、そこでラビの学校をつくりました。これは、カナダではじめてのイェシバ――神学校《しんがっこう》です――となりました。わたしのもっていた『トーラー』は今その学校に、奇跡のあかしとして保管《ほかん》されています。」

ぼくが、写真をとろうとすると、彼はあわてたように手をふり、ぼくの目をじっと見つめていいました。

「もうひとつ、あなたにお話ししなければなりません。たいせつなことですから、よく聞いてください。わたしが話してきた体験談《たいけんだん》は、すべて真実《しんじつ》です。しかし、わたしには、まだあなたに話していない秘密《ひみつ》があります。

わたしの心の一部は、今でも一九四〇年代に生きているのです。津波《つなみ》のようにおしよせてきたドイツ軍。国境《こっきょう》ぞいに展開《てんかい》された戦闘《せんとう》。パラシュート部隊《ぶたい》の空《そら》の花。傷《きず》ついた同胞《どうほう》。ラビ学校の閉鎖《へいさ》。動かなくなったわたしの両足。わたしの両親も、兄弟《きょうだい》も、親《しん》せきの人たちも、ひとりのこらずナチスに殺《ころ》されました。わたしは、まだ戦争を引きずっているのです。

わたしが人生で学んだ教訓《きょうくん》は、"Don't talk so much（多くを語るな）"です。理性《りせい》では、今は命に危険《きけん》がないこと、自由な身になったこともわかっています。でも心理的《しんりてき》な緊張感《きんちょうかん》からは解放《かいほう》されていません。

おわかりいただけますか?

わたしの心の中の十六歳の少年は、まだ悪夢《あくむ》の中を逃げまわっています。

ですから、わたしの名前を本名《ほんみょう》で書くのは、やめていただけませんか。わたしの写真もだれだかわからないようにしてください。」

ぼくは、なんといったらいいのか、すぐことばが出てこず、すっかり体がかたくなって下を

リーアンさんを取材《しゅざい》中の著者《ちょしゃ》

向いてしまいました。

イスラエルではインタビューを申《もう》しこんだ人のうち、二人の人にことわられました。彼らは、いわゆる古傷《ふるきず》にさわってほしくないということではなく、あまりに強烈《きょうれつ》な恐怖《きょうふ》体験をしたために、今でも過去《かこ》の記憶《きおく》にしばられているのです。

外部に名前が出ると、将来《しょうらい》どんなわざわいがくるかわからない――それが、彼らの共通した答えでした。

これは、ほんとうにむずかしい問題です。ぼくには、そういう以外に、今はいうことばがありません。

ぼくがすっかりまいってしまったので、彼は、ぼくの気持ちをほぐしてやろうと思ったのでしょうか。

「でも、こんなおかしいことがありましたよ。」

そういって話してくれました。

「日本で、銭湯《せんとう》に行ったときのことでした。日本人は、ユダヤ人なんて見たことがなかったのでしょう。みんな集まってきて、じろじろわたしたちを見るんです。そのため、仲間のひとりはあわててパンツをはいたまま、湯《ゆ》ぶねに入ってしまいました。

また、深夜《しんや》に火事《かじ》になったことがあります。わたしたちがぼうぜんとして見ていると、日本人が集まってきて、わたしたちの荷物《にもつ》をはこびだしてくれました。

食べ物をもってきてくれたり、あついお茶《ちゃ》を出してくれました。日本人たちがなにかいうんですが、なにをいっているのか、ぜんぜんわかりません。

わたしも、なんとか自分の意志《いし》を伝えようとして、イチ・ニ・サン・シ、と知っている日本語をぜんぶならべたんです。みんなぽかんとしていました。あとで考えたら、わたしは火事のさいちゅうに、数字をかぞえていただけなんですね。」

彼が持っているパスポートには、こう書かれていました。

「一九四一年九月二日　出国証明書　外事七〇二号　兵庫県」

でも、ヤコブ・リーアンは、本名ではありません。

「わたしがカウナスに着いたとき」と、ザビドールさんは、話しはじめました。ザビドールさんは、イスラエルの国会議長《こっかいぎちょう》だった人です。

「日本領事館《りょうじかん》は、すでに閉鎖《へいさ》されていたんです。わたしはビザの発給の時期《じき》に間《ま》にあわなかった。

建物《たてもの》の中は、がらんとしていて、だれもいません。

わたしは、とりのこされてしまった――おそろしさと不安《ふあん》が足もとからのぼってきました。とりはだがたちました。わたしは、ふくろのネズミになったのだと思いました。トルコへ逃げる道も、西ヨーロッパへ行くルートもだめになっていましたからね。

絶望《ぜつぼう》したわたしは、地下にもぐろうかと思いました。ユダヤ人であることをかくし、名前を変えて、どこかにひそんでいようかと悩《なや》んでいたときでした。耳よりなうわさがとびこんできました。

『ミスター・スギハァラが、逃げ道をのこしていってくれたぞ。』

スギハァラさんは、ビザがもらえなかったユダヤ人たちのために、手紙《てがみ》をのこしていったというのです。その手紙には、『ソ連へ行け、モスクワの日本大使館《たいしかん》から日本通過《つうか》ビザをもらえ』と書かれていました。

わたしはほんとうかどうか半信半疑《はんしんはんぎ》のままモスクワへ行き、日本大使館のとびらをたたきました。日本人の大使館員《たいしかんいん》は、特別《とくべつ》きびしく問《と》いただすようなこともなく、ビザを出してくれました！　スギハァラ領事のことばは真実でした。わたしは日本へ行くことができました。」

じつは同じころ、杉原さんからビザをもらったユダヤ人のあいだに、もうひとつのうわさが流れていました。

『戦争はすぐに終わる。ビザを使う必要《ひつよう》はなくなった。』

このうわさを信じた人たちもいました。家や財産《ざいさん》など、なにもかもポーランドにのこしてきたユダヤ人たちは、このうわさをとてもよろこびました。

そして、せっかく杉原さんからビザをもらったのに、ビザを使わなかった人たちもいたのです。

でも、そのうわさはうそでした。デマだったのです。デマの出どころはポーランドの政府機関《せいふきかん》でした！

ポーランド軍《ぐん》の将校《しょうこう》だったユダヤ人、レオン・バーミンガーさんは、こういっています。

「わたしも、そのうわさは聞きましたよ。でも、それはたんなるうわさなのではなく、正式な指示《しじ》にもとづくものだったのです。

わたしはポーランド軍の将校でした。

バーミンガーさん

ポーランド軍がナチス・ドイツに大敗《たいはい》したとき、ポーランド軍の兵士《へいし》は、軍籍離脱《ぐんせきりだつ》を命じられました。こういう命令《めいれい》でした。

『ナチス・ドイツはポーランド軍の青年《せいねん》将校と公務員《こうむいん》をにくんでいる。二十歳《さい》から二十五歳までの兵士と公務員は、全員国外《こくがい》へ脱出せよ。』

さらに、これにはつぎのようなつけたしがありました。

『ただし、一年以内に帰国《きこく》せよ。戦争は半年で終わる。一年で平和がくる。ドイツ軍はユダヤ人を殺さない。女や子どもには手を出さない。』

だから、わたしは、父や母をのこして、うかうかとポーランドをあとにしたのです。一年がまんすればいいのなら、なにも難民《なんみん》にならなくてもいいと、わたしは考えました。それで、リトアニアにとどまり、コーヒーショップの店員になりすましました。

おろかといえば、おろかでした。じつは一九三九年九月に、ナチスの指導者《しどうしゃ》のひとりだったゲーリングが『われわれはユダヤ人を迫《はく》害しない』という声明を発表していたので、わたしはつい、そう思ってしまったのです。うわさのまちがいに気づいて、リトアニアを出なくてはいけないと思ったときは、もうあとの祭《まつ》りでした。

わたしが生きのこることができたのは、わたしがポーランド語のほかに、ドイツ語、チェコ語、ロシア語が話せたからです。おかげで、いつもあわやというところで、危険《きけん》から身をかわすことができました。それと両親がくれたわたしの顔、つまり金髪《きんぱつ》と青い目のおかげで助かりました。というのは、ナチス党員《とういん》は、ブロンドと青い目がすきだったからです。

わたしがポーランドからリトアニアへ来た当初《とうしょ》は、ソ連へ行く道はのこっていました。でも、じつはソ連の秘密警察《ひみつけいさつ》は、ナチスと同じくらいおそれられていました。ソ連は、金持ちの市民、いわゆるブルジョアを目のカタキにしていました。ビザをもっていても、ブルジョアだと判断《はんだん》されたらソ連領内《りょうない》を通り抜《ぬ》けられないといううわさがあったのです。

わたしは、スギハァラさんからビザをもらいましたが、使うことができませんでした。それで、ユダヤ人狩《が》りがひんぱんにやられるようになると、わたしは地下にもぐりました。」

うわさやデマによって、どんなにたくさんのユダヤ人たちが判断《はんだん》をまちがえて、生命の危険《きけん》にさらされたり、死への道を歩いたりしたことでしょうか。そういう悪質《あくしつ》なうわさやデマで人びとの心をあやつる点にかけて、ナチスはすごうでの持ちぬしでした。

ぼくは、ザビドールさんとバーミンガーさんのふたりの証言《しょうげん》から、カウナスで杉原さんのビザをもらえなかったけれども、杉原さんが用意したルートで逃げられた人の例と、ビザをもらったけれども、それを使えなかった人の例をお話ししました。

このあたりで、ぼくはそろそろエルサレム郊外《こうがい》にある「ヤドバシェム博物館《はくぶつかん》」に足を向けようと思います。

ヤドバシェムのヤドは手、バは「~と~」、シェムは名前の意味です。「手と名前」、「手」には、「記憶《きおく》」という意味もあります。『旧約聖書《きゅうやくせいしょ》』の一節《いっせつ》(「イザヤ書」第五六章五節)からとられています。

ヤドバシェム博物館は、民族受難《じゅなん》博物館ともよばれています。ナチス・ドイツによって殺されたユダヤ人たちのための博物館なのです。「ホロコーストの犠牲者《ぎせいしゃ》たちと英雄《えいゆう》をしのんで」というサブタイトルがつけられています。

「ホロコースト」とは、もともとは、ユダヤ教で動物の丸やきを神にそなえる「燔祭《はんさい》」という儀式《ぎしき》のことをさしていましたが、のちに「大虐殺《だいぎゃくさつ》」の意味でも使われるようになりました。第二次世界大戦のあとは、とくに「ナチスによるユダヤ人大虐殺」の意味が加わりました。ユダヤ人は、「絶滅《ぜつめつ》、破壊《はかい》」などを意味する「ショアー」ということばも使います。

ヤドバシェムの門

「沈黙《ちんもく》の叫《さけ》び」の像《ぞう》

「希望《きぼう》」の像《ぞう》

ぼくは、松の木の香《かお》りにみちた山道を登っていきました。

右手に、子どもをだいた母親のブロンズ像《ぞう》が立っています。「希望《きぼう》」という名がつけられていました。

「ヤドバシェムの丘《おか》は、希望を人類《じんるい》にあたえる地です。」

「正義《せいぎ》の人」部のモルデハイ・パウデル博士《はくし》は、ぼくにこう話してくれました。

「『希望』の像は、子どもをだいた母親が立っているところです。ごらんなさい。子どもは体がくさって、とけそうになっているではありませんか。そして母親には顔がありません。死んでいく子どもをだいて、神にうったえる母親のすがた。それに『希望』という名をつけたのは、ユダヤ人の心からの叫《さけ》びです。

わたしたちユダヤ人は『ただひとりの神を信じなさい』と教わってきました。そして、『あなたがあなた自身を愛《あい》するように、あなたの隣人《となりびと》を愛しなさい』と教わってきました。

このふたつめの教えは、じっさいは実行できないもののようでした。しかし、自分自身を愛するようにユダヤ人を愛してくれた人がいます。その人の名前は、センポ・スギハァラです。」

ぼくは、「コルチャックと子どもたち」の像の前に立ちました。

ポーランド人のコルチャックは、戦争で親をなくしたユダヤ人の子どもたちのために、孤児《こじ》院《いん》を経営《けいえい》していました。ある日、ナチスの兵士が子どもたちをつかまえて引きたてていきました。

コルチャックは、ナチスの兵隊《へいたい》によってつれさられる子どもたちのすがたを見て、『自分が子どもたちの父親になろう』と思いました。そして、彼は、およそ二〇〇人の子どもたちとと

「コルチャックと子どもたち」の像《ぞう》

永遠《えいえん》の火

もにトラックの荷台《にだい》に乗り、強制収容所《きょうせいしゅうようじょ》まで行きました。彼は子どもたちとともに、収容所の中で死にましたが、子どもたちは、〝父親〟のコルチャックのうでの中で安心して死んでいきました。

ぼくは、コルチャックの太い指《ゆび》が、うなだれた子どもたちをだきかかえている像をながめました。十二人の子どもたちが、コルチャックにだかれて、うでをたれています。「人がその友のために命をすてること、これよりも大きな愛はない」という昔のユダヤ人のことばが、ぼくの心によみがえってきました。

ぼくは「追憶《ついおく》のホール」で、「永遠《えいえん》の火」が燃《も》えているのを見ました。この火は、殺された六百万人のユダヤ人のために、たえることなく燃えています。

ヤドバシェムの人びとは、殺されたユダヤ人たちの氏名と住所を調べてきました。そのうちわかったのは、ぼくが訪《おとず》れた当時《とうじ》で二百五十万人でした。その名前は「名前のホール」の名簿《めいぼ》にたいせつに保存《ほぞん》されています。

ぼくは、美術館《びじゅつかん》の「子どものホール」で、子どもたちが収容所の中でかいた絵を見たとき、胸《むね》がしめつけられました。

「もし夢《ゆめ》がかなうなら」という絵があります。収容所から光の道が出ていて、その道の向こうにヤシやバナナがみのる南の国の島がえがかれています。そして黄色い服の人が、子どもをまねいています。まねいているのは、神さまでしょうか。ぼくは、その子の「神さま」と祈《いの》る声が聞こえてくるような気がして、いたたまれませんでした。

ヤドバシェム博物館の本部に、図書館《としょかん》と資料館《しりょうかん》がついています。地下一階をぜんぶ使った資料の保管所《ほかんじょ》には、関係者以外の人は入れません。

ぼくは、資料館の中で、年代順《ねんだいじゅん》にわけた杉原千畝《ちうね》さんに関する約《やく》七千枚の資料を見せてもらいました。資料は電話帳《でんわちょう》ほどの、茶色《ちゃいろ》の箱《はこ》の中にぎっしりとしまわれており、箱ごとにきちんと整理《せいり》されていました。

杉原さんに関するものは、まだあります。

杉《すぎ》の木です。

ヤドバシェムのまわりは、木ぎにかこまれています。千五百本の杉の木が、危険をおかしてユダヤ人を助けた特定《とくてい》の人びとの名前を記念《きねん》して植《う》えられており、一本一本にプレートがそえられていました。

杉原さんの杉の木は、このとき高さ一・三メートルほどに育っていました。

YAD VASHEM
HarHazikaron
Jérusalem

יד ושם
הר הזיכרון
ירושלים

בזכירה סוד הגאולה
DANS LE SOUVENIR
RÉSIDE LE SECRET
DE LA RÉDEMPTION
(Baal Chem Tov)

תעודה
ATTESTATION

Sempo Sugihara

שם נפשו בכפו להצלת יהודים בתקופת השואה.
AU PERIL DE sa VIE a SAUVE DES JUIFS PENDANT L'HOLOCAUSTE

נטע עץ בשדרת חסידי אומות העולם YAD VASHEM
a PLANTE UN ARBRE DANS L'ALLEE DES JUSTES

LE 12 Mai 1985 ביום כא אייר תשמ"ה

בשם רשות הזיכרון יד־ושם
Pour l'Institut du Souvenir Yad Vashem

בשם הוועדה לציון חסידי אומות העולם
Pour la Commission des Justes

...ונתתי להם בביתי ובחומותי יד ושם... אשר לא יכרת. ישעיהו נ"ו
...JE LEUR DONNERAI UNE PLACE ET UN NOM... QUI NE PERIRA PAS... ESAIE, 56

記念植樹証明書《きねんしょくじゅしょうめいしょ》
（中央の名前はセンポ・スギハラ）

杉原さんの杉の木とパウデル博士《はかせ》（右）と著者《ちょしゃ》

「千五百本の植林《しょくりん》は、人類への賛歌《さんか》です。」
とパウデル博士は、ぼくに語りました。
「ヤドバシェムでは、新しく山を切りひらいています。植林する場所がたりなくなってきたのです。わたしたちは、植林する前に記念する人について審査《しんさ》委員会をひらきます。そして、特別委員会の調査で事実《じじつ》が確認《かくにん》できた人についてだけ、植林しています。
　ミスター・シノ、わすれずに、ほかの彫《ちょう》刻《こく》も見ていってください。彫刻の題《だい》は『まだ知られていない正義の人びとへ』といいます。ミスター・スギハァラのように、ユダヤ人を助けた人は、まだたくさんいると思います。オランダのキリスト教徒《きょうと》たちが、約二万人のユダヤ人をかくまってくれた事実もわかってきました。愛の人びとの名前は、すべてはわからないかもしれません。しかし、この人びとがいるから、世界は良識《りょうしき》を保《たも》っています。

あなたの国にこういうことばはありませんか。

『その人を得《え》て国おこり、その人を失《うしな》いて国ほろぶ』と。

そういう知られざる正義の人を、わたしたちはわすれてはなりません。」


ぼくは、杉原さんが、ユダヤ人のために身の危険をかえりみずにビザを発給したことについて、自分から人に語ったりするような人でなかったことを、あらためて思いおこしました。もし、ユダヤ人たちが杉原さんをさがしあてることができなかったならば〝知られざる正義の人〟のひとりとして、ユダヤ人のあいだに伝《つた》えられたでしょう。

杉原さん（1940年リトアニアの領事館《りょうじかん》にて）

ぼくは、あのバルファテックさんが杉原さんについて語ったことを、思いかえしました。

「スギハァラさんがビザを出したことは、彼にとってなにか偉大《いだい》なことをしたといったようなものではなく、日常《にちじょう》生活のつづきだったのではないでしょうか。」

そうですよ、あたりまえのことをしただけです——そんな杉原さんの声が聞こえてきませんか。

9 約束《やくそく》の国

杉原《すぎはら》さんが出したビザの数は、じっさいのところどのくらいだったのでしょう。

外務省《がいむしょう》は、一九四一年二月四日の電報《でんぽう》で「ビザを出した数を至急《しきゅう》知らせよ。氏名《しめい》、行き先、ビザの種類、月日も知らせよ。」とプラハにいた杉原さんに命《めい》じました。

杉原さんは、二月五日、電報でこたえました。

「リトアニア人、ならびにポーランド人にあたえた日本通過《つうか》ビザは、二一三二枚《まい》です。そのうち約《やく》一五〇〇人はユダヤ人と推定《すいてい》します。」

その後、二月二八日に、

「二一三九枚でした」

と訂正《ていせい》しました。なぜ二通りの数字が出たかも説明しています。

「カウナスから引き揚《あ》げた書類《しょるい》が未整理《みせいり》なうえに、プラハ領事館《りょうじかん》の閉鎖業務《へいさぎょうむ》、ケーニヒスベルク領事館《りょうじかん》の開設準備《かいせつじゅんび》の訓令《くんれい》に接《せっ》して、領事館業務《ぎょうむ》が立てこんだためです。」

この二月二八日プラハ発《はっ》、第二八号《ごう》電報にそえたリストが、のちに〝杉原リスト〟とよばれるようになります。

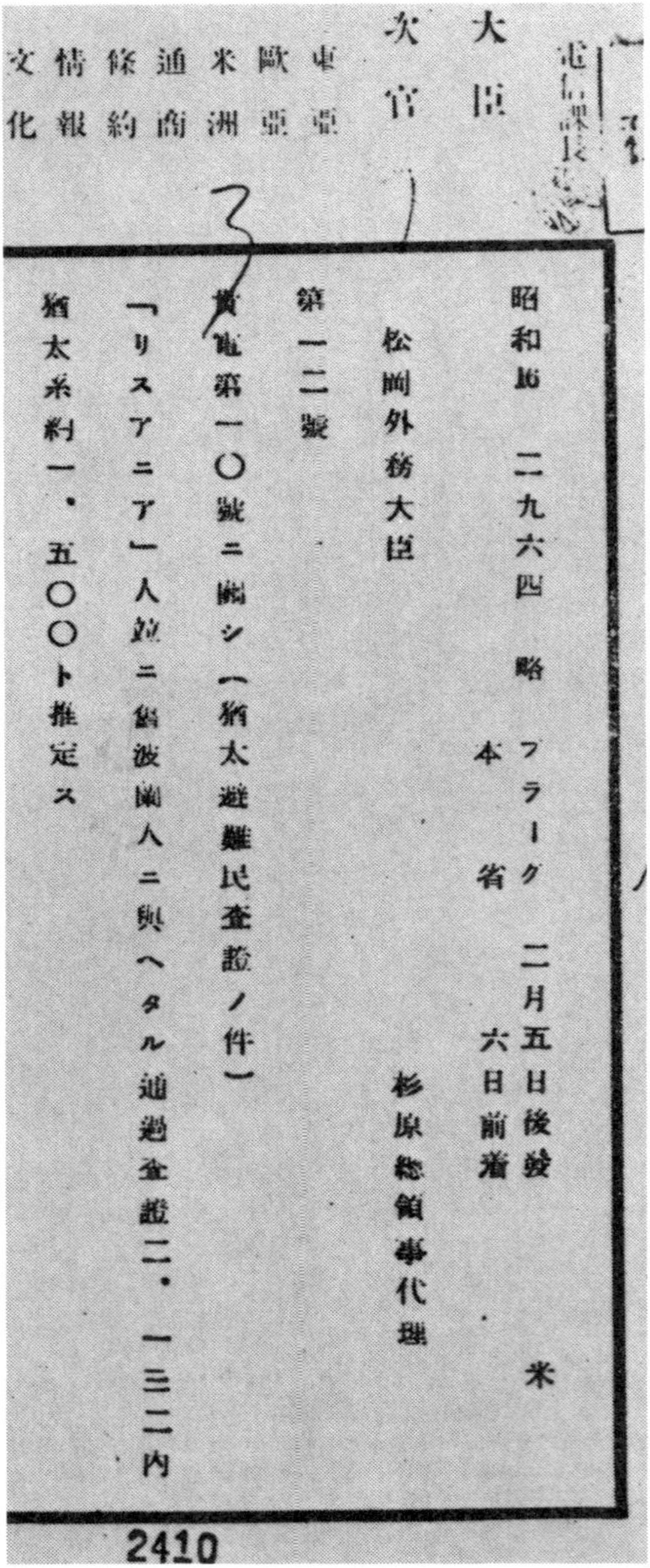
大臣 次官
東亞 歐亞 米洲 通商 條約 情報 文化
昭和16 二九六四 略 プラーグ 二月五日後發 米
本省 六日前着
松岡外務大臣 杉原総領事代理
第一二號
貴電第一〇號ニ關シ（猶太避難民査證ノ件）
「リスアニア」人並ニ舊波蘭人ニ與ヘタル通過査證二・一三二内
猶太系約一・五〇〇ト推定ス
2410

杉原さんがプラハから答えた電文（1941年２月５日）

それ以外《いがい》のプラハ総領事館で発給《はっきゅう》したビザの枚数七四枚については、次の任地《にんち》、ケーニヒスベルクから、一九四一年五月一八日に本省《ほんしょう》に報告《ほうこく》しました。

のちに知りあいや日本のマスコミの取材に話したときには、杉原さんは、発給したビザの数の合計は「四五〇〇枚ていど」と、いつもこたえていました。

これはどういうことでしょうか。カウナスとプラハで発給し、外務省に報告した、計二一三三枚とのちがいはどこからくるのでしょうか。

先にあげた二月四日の外務省の電報では「氏名、行き先、ビザの種類、月日」も知らせるようにとありました。杉原さんは、ビザ発給枚数を報告する際《さい》に、こういったことを記《しる》した「査《さ》証調書《しょうちょうしょ》」を別便《べつびん》で送ったことも報告しています。

杉原さんは、一枚でも多くビザを発給することを最優先《さいゆうせん》して、とちゅうから調書をとったり、番号をつけたりするのをやめてしまったようです。そして、本当は、カウナスで、二一三九枚（細かくいうと、二一三九という数字はリストに付けられた番号で、実際の枚数は枝番《えだばん》二つ、欠番《けつばん》一つをふくんだ二一四〇枚でした）よりも、もっとずっとたくさんのビザを発給していたと考えられています。

「二一三九枚」という数字は、おそらくビザ発給のときに調書をとっていたので、外務省へ調

LIST OF VISA,GIVEN BY THE CONSULATE TO FOREIGENS

(....— ....   1940)

NN.	NATIONALITY.	NAME	ENTRANCE or TRANSIT	DATE of VISA	SASHOOKIO (日)	BIKOO
1.	German	Siegfried HOPFER	transit	9/VII	2	
2.	Lithuanian	Moses KAPLAN	"	15/VII	2	
3.	"	Owsei FELDBERG	"	16/VII	2	
4.	"	Chaim FISCHER	"	19/VII	2	
5.	"	Cerne LICHTENSTEIN	"	19/VII	2	
6.	"	Moses LEWIN	"	24/VII	2	
7.	German	Louis Finkelstein	"	24/VII	2	
8.	"	Sophie FINKELSTEIN	"	24/VII	2	
9.	Lithuanian	Iokus SLUCKIS	"	24/VII	2	
10.	Polisch	Gregor BERLAND	"	25/VII	2	
11.	"	Julius BURGER	"	25/VII	2	
12.	"	Jezy CHENCIUER	"	25/VII	2	
13.	"	Leiba LEVIN	"	25/VII	2	
14.	"	Aleksander SILBERFELD	"	26/VII	2	
15.	Lithuanian	Wolf SCHUSTER	"	26/VII	2	
16.	Neserlands	Rachel STERNHEIM	"	26/VII	2	
17.	Polnisch	Isak LEVIN	"	26/VII	2	
18.	Nesserlands	Levi STERNHEIM	"	26/VII	2	
19.	Polnisch	Chaim Blumenkrans	"	26/VII	2	
20.	"	Symcha KLOPMAN	"	26/VII	2	
21.	Lithuanian	Jokubas BURSTEIN	"	26/VII	2	
22.	Polnisch	Ludvik SALOMON	"	26/VII	2	
23.	"	Ryszard DRILLER	"	26/VII	2	
24.	"	Mirla DRILLER	"	26/VII	2	
25.	"	Rudolf DRILLER	"	26/VII	2	
26.	"	Marian DRILLER	"	26/VII	2	
27.	"	Abram SALOMON	"	26/VII	2	
28.	"	Josef KORNBLUTH	"	27/VII	2	
29.	"	Josef REINER	"	27/VII	2	
30.	"	Georg LIEBERFREUND	"	27/VII	2	
31.	"	Michal SWIBOA	"	27/VII	2	
32.	"	Marian HERZIG	"	27/VII	2	
33.	"	David HERZIG	"	27/VII	2	

杉原さんが外務省に送ったビザを発給した人たちのリスト（1941年２月28日分）

書を送ることができた人数でしょう。ただし、送付《そうふ》したはずの査証調書は、いまだにみつかっていません。

ビザを発給するときには、申請《しんせい》した人から手数料《てすうりょう》をとりますが、杉原さんが国庫《こっこ》に納《おさ》めた手数料の金額《きんがく》は、四五〇〇人分に相当《そうとう》します。

杉原さんのビザによって救《すく》われた人の数については、さまざまに推定《すいてい》されています。

ソ連《れん》の国営旅行会社《こくえいりょこうがいしゃ》インツーリストによれば、一九四〇年にソ連を通過《つうか》したリトアニアからの難民《なんみん》のうち、一二三〇人が杉原さんの発給したビザをもっていたと推測《すいそく》されています。一九四一年の一〜二月には、一五〇〇人の難民がソ連国内を通過しました。このころにはリトアニアの隣国《りんごく》のラトビアとエストニアからは、ユダヤ難民は一人として脱出《だっしゅつ》できていません。ですから、この人数はほぼ、リトアニアからの人たちとみてよいでしょう。一九四〇年の分と合わせると、二七三〇人となります。

また、ウラジオストックの港からユダヤ人難民を敦賀港《つるが》まで運んだ日本旅行協会は「約一万人のユダヤ人のお客さまを、日本行きの船にお乗《の》せしました」と証言《しょうげん》しています。（この日本

日本に来たユダヤ人たち（子どもたちのすがたも見える）

旅行協会は、現在の日本交通公社の前身《ぜんしん》です。）

日本の神戸《こうべ》には、戦争前から日本にいるユダヤ人たちの団体として、ユダヤ人協会《きょうかい》がありました。協会では、このとき四六〇〇人のユダヤ人を受け入れたと、ニューヨークのユダヤ人協会に報告しています。

ただし、これらの数は、たんに通過した、および、受け入れた人数で、杉原ビザの持ちぬし以外の人たちもいるかもしれませんし、難民の脱出ルートは他にもありました。

杉原さんは、子どもにはあまりビザを出していなかったといわれています。子どもは、おとなが連《つ》れていくことができると考えたのです。実際、自分のビザはもらっていないけれど、親のパスポートに名前がのっていて、親といっしょに逃《に》げのびた子どもたちもいました。ですから、救われた人の数は、ビザの発給枚数より多い可能性《かのうせい》があります。

いっぽう、ビザをもらった人の五人に一人は子どものいない独身者《どくしんしゃ》でした。ビザをもらった人のなかには、たくさんのユダヤ教の学生たちがいましたが、このときはだれも結婚《けっこん》していませんでした。その点からみれば、ビザなしで親に連れられた子どもの数は、多くはないかもしれません。

ちなみに、本物の杉原ビザの他に、なんと、ニセの杉原ビザがつくられていました。少なくとも四種類《しゅるい》の偽造《ぎぞう》された杉原ビザが出回《でまわ》っていて、一九四一年三月一日には、ソ連の諜報機関《ちょうほうきかん》が四九二通のニセ杉原ビザを摘発《てきはつ》しました。この調査《ちょうさ》は杉原さんがビザを出し終わった三か月後に開始されたので、それまでの間に数百人が、ニセ杉原ビザをつかってリトアニアとソ連から脱出したとも考えられています。

ぼくは、これらの話や、いろいろな資料《しりょう》をもとにして、発給されたビザの数は約四五〇〇枚、救われたユダヤ人の数も、それにかなり近いと推定しています。およそ六〇〇〇人の人が救われたという推定もありますが、正確《せいかく》な人数ははっきりとはわかっていません。

とちゅうで赤ちゃんが生まれた人もいました。あのバルファテックさんの一家《いっか》がそうでした。

バルファテック夫妻《ふさい》は、日本を去るとき父親と母親になっていました。ビザのわくの外に、小さな赤ちゃんの写真。難民の人びとの苦しい日びの中でも、新しい生命は生まれていました。

現在では、杉原さんのビザで助かった人たちの子孫《しそん》が、三世代《せだい》め・四世代めになっています。その数は、ある推定では現在約五十万人、そのうち約二十万人がイスラエルに住んでいるとされています。

杉原さんは、休まずに三十日以上も、ビザを出しつづけました。ぼくは、ユダヤ人たちから、そのときのビザを見せてもらいましたが、中には、日本領事館のスタンプがさかさにおされているものもありました。もちろん、事情《じじょう》がわかっているぼくには、さかさのスタンプを笑《わら》うことはできません。

〈たいへんだったんだなあ!〉

ぼくはそう思いましたし、ユダヤ人ひとりひとりの名まえを、まちがえずに書くために、杉原さんが、どんなに神経《しんけい》をつかう仕事をつづけたかがよくわかりました。

ユダヤ人たちは、今もその杉原さんのビザを、宝もののように大事《だいじ》に持っています。

杉原さんは、八十歳《さい》なかばになってから、ときどき「ぼくはもう死にたいな」と、奥《おく》さんの

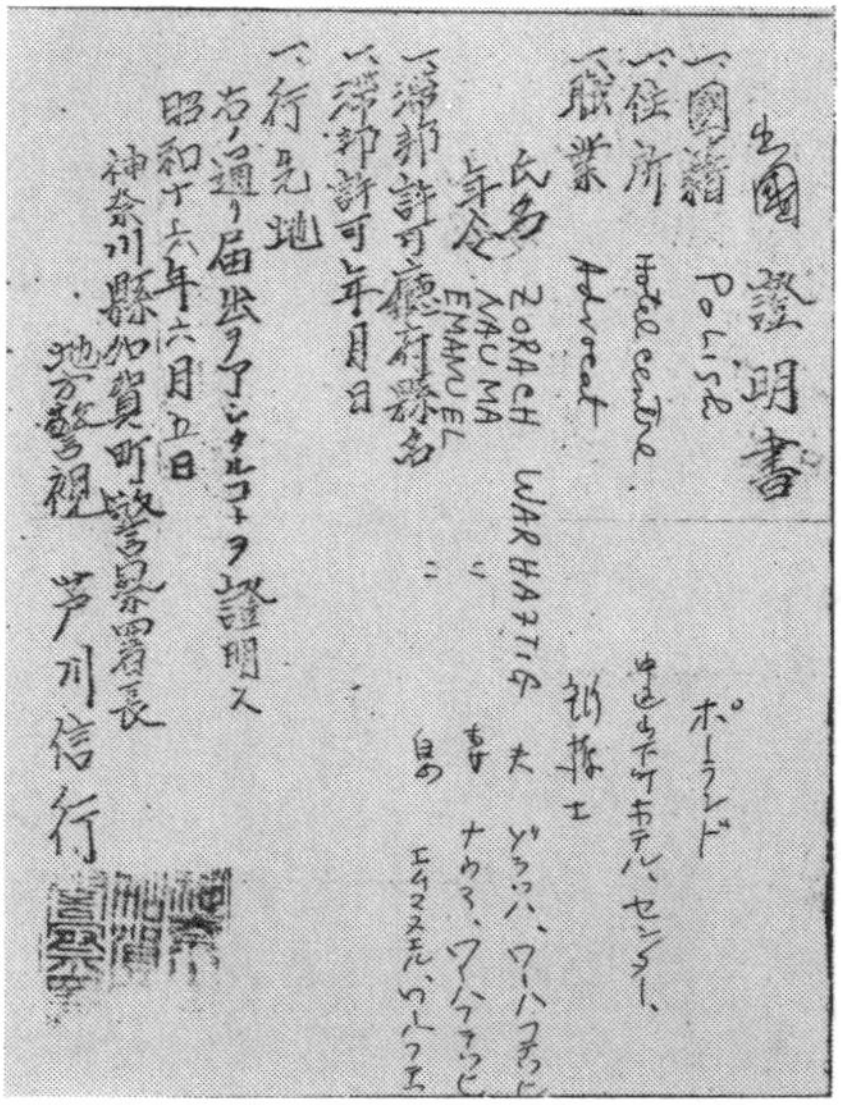

出國證明書

一、國籍 Polish ポーランド
一、住所 hotel centre 中央ホテル、センター
一、職業 Advocat 弁護士
氏名 ZORACH WARHAFTIG 大 ゾラッハ、ワーハフテック
年令 NAUMA 〃 妻 ナウマ、ワーハフテック
EMANUEL 〃 息 エマヌエル、ワーハフテ
一、滞邦許可廳府縣名
一、滞邦許可年月日
一、行先地

右ノ通リ届出アリタルコトヲ證明ス
昭和十六年六月五日
神奈川縣加賀町警察署長
地方警視 芦川信行

バルフファテックさんの出国証明書《しゅっこくしょうめいしょ》

LIETUVOS RESPUBLIKA
REPUBLIQUE DE LITHUANIE
LEIDIMAS
SAUF-CONDUIT.

バルフファテックさんのビザ

横浜港《こう》からカナダへ向かう「氷川丸《ひかわまる》」船上（中央がバルフファテック夫人《ふじん》と赤ちゃん）

幸子《ゆきこ》さんにもらすようになりました。

「世の中がいやになったからとか、生きるのがつらいからというのではありません。ちょっとひと休みしたかったのね。ほら、炎天下《えんてんか》で作業を終えた農夫《のうふ》がひと休みするように。」

幸子さんはそう語ります。

「杉原さんは長いこと病気で床《とこ》にふせっておられたのですか？」

ぼくがたずねると、幸子さんはにこにこ笑って否定《ひてい》しました。

「いいえ。最後の一年くらい寝《ね》たくらしになりましたけれど、それまでは、外を散歩《さんぽ》したり、日曜日には朝から晩《ばん》まで庭《にわ》にいましたよ。お花がすきだったの。お花もすきでしたが、お酒《さけ》もすきでした。若《わか》いころは、わたしとふたりで、ウィスキー一本あけたこともあります。ふたりとも、呑《の》ん兵衛《べえ》でした。」

幸子さんは、昔《むかし》を思い出すようにくすりと笑いました。

「杉原さんは、ごじょうぶなかただったのでしょう？」

「ええ。元気な人でした。でも、戦後《せんご》、仕事でソ連に行くようになってから、体が弱《よわ》くなりましたね。ソ連の寒さが、よほどこたえたのでしょうね。床《とこ》につくようになってからは『死にたいなあ』っていうようになりました。」

「体が苦《くる》しかったのでしょうか。」

「それもあったかもしれませんが、なにより、主人《しゅじん》は働きたかったんです。いつも働いていなければいられない性分《しょうぶん》の人でしたから。そんな人にとっては、なにもしないで寝《ね》ていなくてはいけないというのは、苦痛《くつう》でしょ?」

「死ぬことについては、杉原さんはどう思っていらっしゃいましたか?」

「べつになんとも思っていなかったのじゃないかしら。人間は年をとったら死ぬのは当然《とうぜん》ですもの。

そうですね。あの日、わたしがあまいおやつをもっていったあと、しばらくして見に行ったところ、お皿《さら》にのこったままでした。主人は、お酒もすきだけどお菓子《かし》もだいすきでしたのよ。わたしは、へんねえと思って、ベッドに近づいて『パパどうしたの?』って声をかけました。その時には、もう主人は意識《いしき》がなかったんです。」

杉原さんは、一九八六年七月三十一日、急性心不全《きゅうせいしんふぜん》のために亡《な》くなりました。八十六歳でした。

駐日《ちゅうにち》イスラエル大使《たいし》のヤーコブ・コーヘンさんが、政府の弔電《ちょうでん》をたずさえて杉原家を訪《おとず》れました。杉原さんの死を悼《いた》む手紙《てがみ》が、世界中から届《とど》きました。

「杉原さんの記事《きじ》を、夫のサムと息子《むすこ》に読み聞かせました。わたしたち三人とも少し泣《な》きました」（アメリカの女性から）

「杉原さんの住所が知りたくて、日本政府《せいふ》に手紙を二回出しました。でも返事《へんじ》がきませんでした。ぐうぜん、住所がわかりましたが、それは新聞が杉原領事《りょうじ》の死を報《ほう》じたあとでした。ユダヤ人は、ひとりの人の命を救うのは、全世界を救うのに等《ひと》しいといいます。それならあなたは、宇宙《うちゅう》を救われたのです。杉原領事は歴史《れきし》にのこる人物です。」（アメリカのユダヤ人から）

杉原・元駐リトアニア領事

イスラエル大使が弔問

「命の恩人忘れません」

第二次世界大戦中、ナチスの迫害を逃れ、リトアニア（現ソ連領）にたどりついたユダヤ人難民に、外務省の強い反対を押し切って日本の通過ビザを発給、多くの生命を救った元駐リトアニア日本領事代理、故杉原千畝さんに対し、ヤーコブ・コーヘン駐日イスラエル大使は十三日、シモン・ペレス首相らの弔電を携えて神奈川県鎌倉市の自宅を訪れ、恩人の死を悼んだ。杉原さんは先月三十一日に死去。八十六歳だった。

午後四時半すぎ、車で杉原さん宅に到着した大使は、幸子夫人（七三）に首相からの弔電を手渡した後、玄関わきの和室に設けられた祭壇に黙とう。「ご主人が亡くなられたことに深い悲しみを覚えています。助けられた人は、命の恩人として永久に忘れることはないでしょう」と「ユダヤ民族の偉大な友人」の勇気ある行動をたたえた。

杉原さんは大戦がぼっ発した昭和十四年、リトアニアの日本領事館に赴任。ナチス・ドイツの迫害を逃れ、日本経由で他国に行こうとしたポーランドからのユダヤ難民に、外務省の意向を無視して独断で通過ビザを発給。これによって後の国会議長サピドール氏ら約六千人が救われた。

本国の指示を無視した杉原さんは、戦後、帰国して外務省を辞めさせられたが、その勇気ある行動はイスラエル人の間で語り継がれた。

杉原さん宅では、幸子夫人、長男の貿易商、弘樹さん（四九）らが大使を迎えたが、幸子夫人は「主人は、見殺しにはできないと一晩考えた揚げ句、決断したようです。外務省を辞めさせられることは覚悟していました」と話していた。

イスラエル大使《たいし》の弔問《ちょうもん》を伝える新聞記事

「わたしは、杉原領事に助けられた者ではありませんが、杉原さんの行為《こうい》に深《ふか》く感動《かんどう》しました。彼《かれ》は、人びとが生きのこるために、自分の道をすてられたのです。ご家族にわたしたちのいたむ心をお伝《つた》えください。」(カナダの女性から)

ヨーロッパからもたくさんの手紙がきました。

ぼくは幸子さんにたずねました。

「ご主人の一生をふりかえってみて、お幸《しあわ》せだったと思いますか?」

「いっしょうけんめい仕事をしたという充実感《じゅうじつかん》はあったでしょうね。イスラエルから勲章《くんしょう》をいただいて、日本でも話題《わだい》になったときは、みんなにさわがれていやだといいましたが、内心《ないしん》はうれしかったでしょうね。自分の生きかたが、四十年後になってむくわれたのですから。『正義《せいぎ》の人』賞《しょう》をいただいたうれしさは格別《かくべつ》だったにちがいありません。」

幸子さんは、杉原さんが意識をなくして救急車《きゅうきゅうしゃ》で病院《びょういん》にはこばれたあと、杉原さんのベッドにつききりで見守《みまも》りました。

「主人が目をさましたとき、わたしがいなかったらさびしがるでしょ。だからはなれたくなかった。でも入院が長びきそうだし、家をそのままほっぽりだしてきていましたからね、つきそいを長男夫婦《ふうふ》にかわってもらって、ちょっと家に帰ったの。しばらくして長男から『すぐ病院へきて』という電話がきて、すっとんで行ったのですけれど。」

「そのときは、もう亡《な》くなっておられた？」

「はい。長男の話では、一度主人は目がさめたのです。そして『ママ』とわたしをよんだので長男が『ママはすぐくるよ』といったところ、……何を見たのかしら、何かふしぎなものでも見るように大きく目をひらいたあと、また目をとじて、そのままになったということでした。」


杉原さんの死は、杉原さんの人がらにふさわしく、静かで堂《どう》どうとしたねむりでした。

ぼくは、杉原さんの生涯《しょうがい》は、みごとな一生《いっしょう》だったと心から思います。

死にのぞんで「ママ」とよびかけていった杉原さんの最期《さいご》は、そのみごとな一生にふさわしい結《むす》びではありませんか。そこにあるのは、愛《あい》と平和のために生きた人だけに贈《おく》られる心の平《へい》安《あん》です。

約束《やくそく》の国――それは愛のことです。

約束の国――それは杉原さんの心の中にありました。

סמפו
סוגיהארה :
על דעת עצמו

יפני — „חסיד אומות עולם"

הציל במלחה"ע השניה 3000 מיהודי פולין

מאת אלכס דורון

את „חסיד אומות העולם" מטעם „יד ושם" וממשלת ישראל, יוענק מחר בטוקיו לסמפו סוגיהארה בן 85 — היפאני היחיד מבין 6,000 לא־יהודים שזכה בכך.

כשפרצה מלחמת העולם השניה היה סוגיהארה קונסול יפאן בקובנה שבליטא העצמאית. ביולי 1940 נכנס הצבא הסובייטי לליטא והורה על סגירת כל הקונסוליות הזרות שפעלו בעיר זו. סוגיהארה ביקש הנחיות ממשרד החוץ בטוקיו והתשובה התאחרה עשרה ימים. על דעת עצמו החליט, לפני שייסגרו משרדי הקונסוליה, להיענות לבקשותיהם של כ־3,000 יהודים, רובם יוצאי פולין ובני ישיבות שברחו לליטא מאימת הנאצים — והעניק להם אשרות מעבר ליפאן, בדרכם לקורסאו, שהסכימה לקלוט אותם.

גם לאחר שנתקבלה הוראת משרד החוץ היפאני לסגור את משרדי הקונסוליה, המשיך סוגיהארה במתן האשרות ליהודים. משלא עמד בלחץ — כיוון שביצע את עבודות המשרד בעצמו — העסיק בכך תושב מקומי ממוצא גרמני („פולקסדויטשה") בשם גקה וכן בחור־ישיבה מישיבת מיר, שלא ידע יפאנית ולכן החתים את המסמכים באשרות במהופך.

גם כאשר ברור היה, כי לחלק ניכר מהפונים אליו לא היו כלל אשרות כניסה לקורסאו, העניק סוגיהארה את אשרות המעבר וכך הגיעו ליפאן ונשארו בה 2,178 מיהודי פולין שנמלטו מן הנאצים וכך, ניצלו.

杉原さんのことを伝えるイスラエルの新聞

あとがき

「たしかに訓令違反《くんれいいはん》、そのときの時点《じてん》の服務命令《ふくむめいれい》の次元《じげん》で考えればそうでした。しかしもっと大きな次元で考えれば、数千人の人命《じんめい》を救《すく》うかどうかの、より大きな問題がそこにかかわっていたのです。」

一九九二年（平成四年）三月、日本の国会《こっかい》の衆議院予算委員会《しゅうぎいんよさんいいんかい》。杉原千畝《すぎはらちうね》さんが外務省《がいむしょう》を退職《たいしょく》したことについて議題《ぎだい》となったとき、外務省の欧亜《おうあ》局長《きょくちょう》がこういいました。

「わたしも、杉原副領事《ふくりょうじ》（原文ママ）のおこなった判断《はんだん》と行為《こうい》は、当時《とうじ》のナチスによるユダヤ人迫害《はくがい》という、いわば極限的《きょくげんてき》な局面《きょくめん》において、人道的《じんどうてき》かつ勇気《ゆうき》あるものであったと考えております。この機会《きかい》にあらためてその判断と功績《こうせき》をたたえたいと思います。」

ときの内閣総理大臣《ないかくそうりだいじん》（宮澤喜一首相《みやざわきいちしゅしょう》）も、こう見解《けんかい》をのべました。

杉原さんのユダヤ人難民《なんみん》へのビザ発給《はっきゅう》が、人の命を救ったという点でたたえられるべきものであると、日本でも公式《こうしき》に認《みと》められたのでした。

杉原さんが生まれてちょうど一〇〇年の二〇〇〇年（平成一二年）には、外務省の外交史料館《がいこうしりょうかん》に、杉原さんを顕彰《けんしょう》するプレートが設置《せっち》されました。プレートの除幕式《じょまくしき》で、当時の外務大臣（河野洋平外相《こうのようへいがいそう》）は、こうあいさつしました。

「『勇気ある人道的行為をおこなった外交官《がいこうかん》』として知られる故《こ》杉原氏《し》は、申《もう》しあげるまでもなく、在《ざい》カウナス領事館《りょうじかん》に副領事として勤務《きんむ》されているあいだ、ナチスによる迫害を逃《のが》れてきたユダヤ系避難《けいひなん》民《みん》に対《たい》して日本通過《つうか》のための査証《さしょう》を発給することで、多くのユダヤ系避難民の命を救《すく》い、現在にいたるまで、国境《こっきょう》、民族《みんぞく》をこえて広く尊敬《そんけい》を集めておられます。

日本外交にたずさわる責任者《せきにんしゃ》として、外交政策《せいさく》の決定においては、いかなる場合も、人道的な考慮《こうりょ》は最《もっと》も基本的《きほんてき》な、また最も重要《じゅうよう》なことであると常《つね》づね私は感《かん》じております。故杉原氏は今から六十年前に、ナチスによるユダヤ人迫害という極限的な局面において人道的かつ勇気のある判断をされることで、人道的考慮の大切《たいせつ》さを示《しめ》されました。私は、このような素晴《すば》らしい先輩《せんぱい》を持つことができたことを誇《ほこ》りに思うしだいです。」

杉原さんがビザを発給した、あのリトアニア、カウナスの日本領事館だった建物《たてもの》は、今では杉原千畝記念館《きねんかん》になっています。「渡航証明書《とこうしょうめいしょ》」を発行《はっこう》したホテルやカウナス駅《えき》にも、杉原さんを記念するプレートが掲《かか》げられました。首都のヴィリニュスには「スギハラ通り」と名づけられた道があります。「スギハラ通り」は、イスラエル中部の都市《とし》ネタニヤにもできました。

杉原さんのビザ発給の決断《けつだん》は、さまざまなかたちで報道《ほうどう》され、学校の教科書にもとりあげられました。

かつて世に知られることのなかった杉原さんのおこないが、多くの人たちに知られるようになったのです。

戦争《せんそう》は、第二次世界大戦《だいにじせかいたいせん》のあとも、世界からなくなっていません。今も新《あら》たな戦争や紛争《ふんそう》によって、不幸《ふこう》にも難民の立場《たちば》に追《お》いやられ、救いをもとめる人たちが、おおぜいいます。

杉原さんという「すばらしい先輩」を持つぼくたちは、どのように考え、どう行動すればよいのでしょうか。

杉原さんの時系列《じけいれつ》の経歴確認《けいれきかくにん》は、歴史家の古江孝治さんの労作《ろうさく》に頼《たよ》りました。心からお礼申しあげます。

ここまで読んでくださった、読書好きのみなさんに感謝《かんしゃ》します。これからも本をたくさん読んで、心豊《ゆた》かな人になってください。

●おもな参考文献（順不同）
『ナチスの時代』（H. マウ，H. クラウスニック，岩波書店）
『世界の歴史　15』（村瀬興雄編，中央公論新社）
『ユダヤ人・下』（M. I. ディモント，朝日新聞社）
『旧・新約聖書』（英語版ほか，日本聖書協会）
『人類愛に生きた将軍』（相良俊輔，国土社）
「運命を変えた一枚の査証　1～7」（「週刊サンケイ」所収）
REFUGEE AND SURVIVOR（Zorach Warhaftig，Yad Vashem）
『日本の歴史　25』（林茂，中央公論社）
『第二次世界大戦史』（R. C. K. エンソー，岩波書店）
『第二次世界大戦前夜』（笹本駿二，岩波書店）
『バルト三国歴史紀行Ⅲリトアニア』（原翔，渓流社）
『5千万人のヒトラーがいた！』（八木あき子，文藝春秋）
『スピーチの天才100人』（S. マイヤー，J. コウルディ，阪急コミュニケーションズ）
『満州奇跡の脱出』（ポール・邦昭・マルヤマ，柏艪舎・星雲社）
『イスラエルを知るための60章』（立山良司編著，明石書店）
「イスラエルから見た日本と日本人」（B. A. シロニー，講演記録）

●作者の写真及び資料の他、本文明記以外で下記のものから一部借用させていただきました。厚くお礼礼申しあげます。
杉原幸子さん提供の写真及び資料
REFUGEE AND SURVIVOR（Zorach Warhaftig，Yad Vashem）
Religions of the World JUDAISM（Wayland）
Religions of the World ISLAM（Wayland）
『日本の終戦　46人の目撃者――米国国防総省報道写真班の証言秘録』
（アメリカ合衆国国防総省，双葉社）
イスラエル大使館およびヤドバシェム博物館提供の各種資料

著　者

篠　輝久（しの　てるひさ）

東京都杉並区在住。

一級土木施工管理技士・監理技術者。定年退職後，著作・講演活動に入る。著書に『志都香は神を見たか』（神奈川新聞社），『約束の国への長い旅』（リブリオ出版），『残されたもの――ディーン・リーパー物語――』（リブリオ出版），『霧のなかの青春』（訳，リブリオ出版），『意外な解放者』（共著，情報センター出版局），『千畝』（共訳，清水書院），教科書の執筆ほか。国際学会での発表，教育機関での講演など多数。

カバー・表紙・総扉デザイン	上迫田智明
図表作成	「PNQ（ピヌク）」
本文デザイン	法規書籍印刷　株式会社

約束《やくそく》の国《くに》への長《なが》い旅《たび》
杉原《すぎはら》千畝《ちうね》が世界《せかい》に残《のこ》した記憶《きおく》

2018年9月7日　初版発行

編　著　篠《しの》　輝久《てるひさ》
発行者　野村久一郎
発行所　株式会社　清水書院
〒102-0072　東京都千代田区飯田橋3-11-6
電話　03-(5213)-7151
印刷所　法規書籍印刷　株式会社
製本所　法規書籍印刷　株式会社

定価はカバーに表示

●落丁・乱丁本はお取り替えいたします。

ISBN 978-4-389-50077-1 C0023　　Printed in Japan

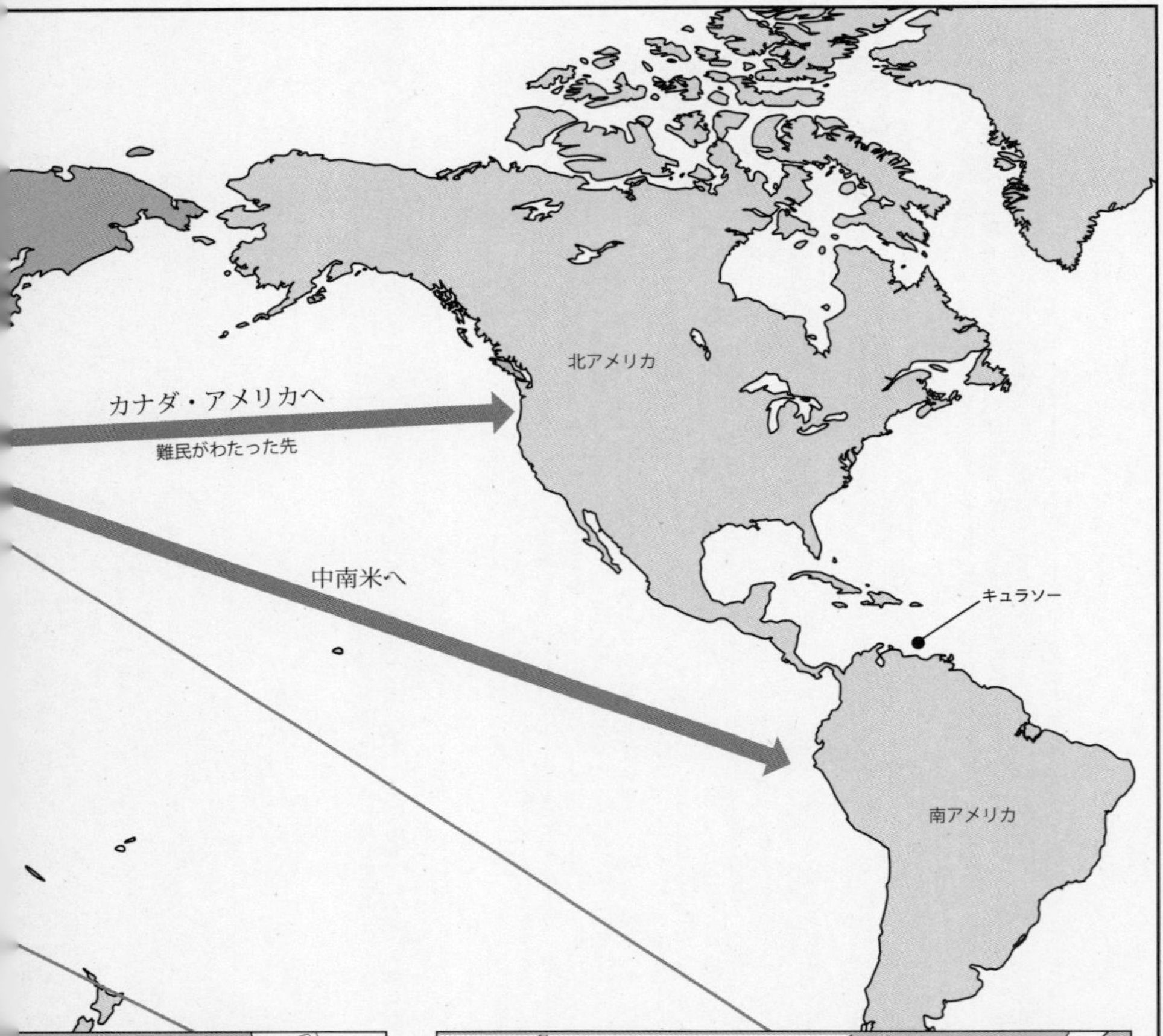

現在のイスラエル

1940 年ごろの東アジア